心向苍穹

中国航天发祥地的故事

北京航天长征科技信息研究所 著

中国经济出版社
CHINA ECONOMIC PUBLISHING HOUSE
·北京·

图书在版编目（CIP）数据

心向苍穹：中国航天发祥地的故事 / 北京航天长征科技信息研究所著. -- 北京：中国经济出版社，2023. 9

ISBN 978 - 7 - 5136 - 7389 - 1

Ⅰ. ①心… Ⅱ. ①北… Ⅲ. ①航天工业 - 发展史 - 研究 - 中国 Ⅳ. ①F426. 5

中国国家版本馆 CIP 数据核字（2023）第 132711 号

责任编辑　孙晓霞
责任印制　马小宾
封面设计　陶　喆　周　哲
插画设计　陶　喆　周　哲

出版发行　中国经济出版社
印 刷 者　北京富泰印刷有限责任公司
经 销 者　各地新华书店
开　　本　710mm × 1000mm　1/16
印　　张　17. 25
字　　数　150 千字
版　　次　2023 年 9 月第 1 版
印　　次　2023 年 9 月第 1 次
定　　价　78. 00 元
广告经营许可证　京西工商广字第 8179 号

中国经济出版社 **网址** www. economyph. com **社址** 北京市东城区安定门外大街 58 号 **邮编** 100011
本版图书如存在印装质量问题，请与本社销售中心联系调换（联系电话：010 - 57512564）

编委会

前言
PREFACE

新中国成立以来，航天事业在一穷二白中起步。经过几代航天人的接续奋斗，中国航天坚持党的领导，坚决贯彻党和国家的战略决策，走出了一条自力更生、自主创新的发展道路，积淀了深厚博大的航天精神，为进一步增强我国的经济实力、科技实力、国防实力和民族凝聚力提供了强大的战略支撑。

伟大的事业孕育伟大的精神。六十余年砥砺奋进，时光镌刻不朽，中国航天孕育形成了以航天传统精神、“两弹一星”精神、载人航天精神、探月精神和新时代北斗精神为主要代表的航天精神。这是航天人心中坚定不移的信念坐标和永远高扬的精神旗帜，是航天文化的核心和灵魂，是中国共产党人精神谱系的重要组成部分。

本书编写组依托中国运载火箭技术研究院档案馆丰富的馆藏史料，组织编创了《心向苍穹》一书，采用图文并茂的形式，将中国航天发祥地背后的故事汇编成册，旨在生动、形象地讲述我国航天发展历史及其背后感人的故事，真实反映航天人的思想境界、精神风貌和优良作风，让更多人了解航天事业起步的艰难历程，感受航天人严慎细实的工作作风，了解一代代航天人深厚的家国情怀。

本书以航天发展史为脉络，以型号研制为主线，记录了航天事业从初创到发展的艰辛历程，讲述了中国航天自1956年10月8日国防部五院成立到1984年4月8日长征三号运载火箭成功将我国的地球同步通信卫星东方红二号送入预定轨道期间发生的感人故事。全书共分为“初创”“仿制”“探索”“突破”“启航”“跨越”“攀登”“无悔”八章，由38个故事构成，真实再现了航天人在这一时期热爱祖国的根本内核、改革创新的时代要义、自力更生的立业之本、无私奉献的崇高境界、协同攻坚的大局意识和勇攀高峰的科学追求。这些故事是航天“三大精神”丰富内涵、持久魅力和深刻启迪所在，也是新征程上航天人发扬踔厉、笃行不怠的底气、力量和信心所在。

旗帜高扬，大道向前。习近平总书记多次强调，要用情用力讲好中国故事。2022年10月16日，中国共产党第二十次全国代表大会在北京胜利召开，习近平总书记在报告中特别指出：“坚守中华文化立场，提炼展示中华文明的精神标识和文化精神，加快构建中国话语和中国叙事体系，讲好中国故事，传播好中国声音，展现可信、可爱、可敬的中国形象。”本书正是在这样的背景下应运而生。

江山如画，大潮奔涌。站在新的历史时点，《心向苍穹》一书经过三轮十余稿修改，顺利付梓出版，与读者见面。冀望未来，大道宽广，期望借由此书，使广大读者进一步了解中国航天波澜壮阔的发展历史，同时也为参与航天强国建设的航天工作者们凝聚奋进的力量，沿着老一辈航天人开辟出的揽天征途，笃力创造新的辉煌，为加快建成航天强国，早日实现中华民族伟大复兴的中国梦贡献力量。

目录
CONTENTS

第一单元

初创——中国航天初建时期的故事 001

1. 中国航天发祥地 002

2. 钱学森与航天的创建 013

3. 师者，传道授业解惑 018

4. 南苑旧貌换新颜 024

第二单元

仿制——第一枚导弹 1059 的故事 031

5. 第一枚导弹 1059 032

6. 众人拾柴火焰高 040

7. 我辈当自强 045

8. 困难当作垫脚石 051

9. 细节影响成败 056

10. 言知之易行之难 061

11. 中国航天由此开篇 067

第三单元

探索——东风二号导弹的故事 075

12. 走出失利求改进 076

13. 系统工程勇实践 082

14. 科学管理入正轨 089

15. 抢建设施助成功 096

16. 不待扬鞭自奋蹄 103

第四单元

突破——东风三号导弹的故事 111

17. 预先研制固基石 112

18. 百折不挠克难关 119

19. 百花齐放换新颜 126

20. 无规矩不成方圆 133

21. 不惧沙海寻残骸 138

第五单元

启航——长征一号运载火箭的故事 145

22. 不畏浮云遮望眼 146

23. 而今迈步长征路 151

24. 勇闯四关入苍穹 156

25. 寰宇响彻东方红 162

第六单元

跨越——长征二号运载火箭的故事 171

26. 大脑聪明能力强 172

27. 跨越寒冬迎春来 178

28. 横空出世担重任 183

29. 十八个月造火箭 189

30. 科学管理有秘诀 196

第七单元
攀登——长征三号运载火箭的故事 207
31. 向未知勇敢迈进 208
32. 稳健前行求突破 216
33. 万众一心为发射 223
34. 七十天闪电行动 230

第八单元
无悔——心怀山海 眼有星辰 237
35. 航天日的由来 238
36. 航天专家的学生时代 243
37. 归国铸建航天理想 249
38. 一路艰辛任拼搏 257

后 记 264

一部航天史，就是一部航天事业从零起步、艰苦创业的历史。

20 世纪 50 年代新中国成立之初，周边战火不断，以美国为首的西方各国对我国严密封锁并进行核讹诈。中国人民志愿军雄赳赳，气昂昂，跨过鸭绿江，以血肉之躯抵御美国的飞机大炮，保和平，卫祖国，取得了抗美援朝战争的胜利！

战争结束后，党中央高层进行了历史性反思：没有强大的战略威慑力量，就没有国家真正的和平发展，人民的幸福和民族的振兴就无从谈起，我们必须有作为“杀手锏”的武器装备——原子弹！也正是从这时起，随着钱学森摆脱西方阻扰，回到祖国，中国的航天事业也在党中央的直接领导下从零开始，落户北京南苑，白手起家，迎来初创。

01 第一单元

第一单元　初　创

——中国航天初建时期的故事

1 中国航天发祥地

人类很早就有了飞天的梦想，每当皓月当空，群星闪烁，总是唤起人类对神秘而深邃太空的好奇和向往。

远古时代，嫦娥因为服食仙丹，身体变得十分轻盈，飘飘悠悠地飞到了悬挂在夜空的月亮上，成为广寒宫的主人。嫦娥奔月的古老神话，寄托了远古时期我们的祖先渴望翱翔太空的愿望。

到了明朝，万户想实现人们飞天的梦想，于是在晚年的一天，他两手各持一个大风筝，请人将自己固定在一把特制的座椅上，这把座椅捆绑着 47 支自制的当时最大推力的火箭，他想用这 47 支火箭的推力来飞上天空。可遗憾的是，座椅在半空中爆炸，万户为此献出了生命。有学者考证，万户是“世界上第一个想利用火箭飞行的人”，为整个人类向未知世界探索的进程作出了重要的贡献。

13~14 世纪，中国的火药技术传到国外，在作战的武器上得到了运用。19 世纪 70 年代以后，火枪、火炮，特别是线膛枪、炮等，更是在军事上大放异彩。从20世纪开始，人类逐渐进入太空新纪元。

翻阅历史，人们探索太空的步伐也在不断前行。苏联和美国是最早开始研制现代火箭的国家。1957年10月，苏联发射了世界上第一颗人造地球卫星。1958年1月，美国发射了世界上第二颗人造地球卫星。1969年7月20日，美国用“土星5号”运载火箭发射了“阿波罗11号”飞船，成功登陆月球，美国宇航员阿姆斯特朗在月球上踏出了人类第一个脚印，并向全世界宣称：“这是一个人的一小步，却是人类的一大步。”火箭的出现，帮助人类开创了太空新纪元，使得人类的活动领域极大拓宽。

然而，令人遗憾的是，我国的航天事业在当时远远落后于美国和苏联。要知道，运载火箭和导弹的原理是相近的，很多技术也是通用的，没有运载火箭技术的发展，也就意味着没有战略威慑力量的形成，也就没有维护国家安全的重要基石。

在中华人民共和国成立之初，国家百废待兴，以美国为首的西方世界拒绝承认新中国，对我国实行军事包围，外交孤立，经济封锁。美军侵入台湾海峡，武装干涉朝鲜内政，把战火烧到我国东北边境，并声称要对我国实施核打击，直接威胁着中国的安全。

1950年10月，抗美援朝战争打响，战争历时三年，中国绝地反击取得胜利，维护了世界和平，巩固了中国新生的人民政权，打破了美帝国主义不可战胜的神话，顶住了美国侵略扩张的势头，使中国的国际威望空前提高，极大地增强了中国人民的民族自信心和自豪感，为国内经济建设和社会改革赢得了相对稳定的和平环境。

抗美援朝战争打出了国威军威，却暴露出了我国武器装备落后的巨大隐痛，没有强大的战略威慑力量，就没有维护国家安全的基石，就不能真正实现和平发展。中央高层作出历史性思考：仅有凝聚民族魂的精神原子弹不行，还必须有承载高科技的物质原子弹。于是中国航天事业在党中央的坚强领导下开始建立。

1955 年 10 月，一位著名的科学家从美国搭乘克利夫兰总统号邮轮回国，他的出现助推了中国航天事业创建的进程。他就是我们敬仰的科学家钱学森先生。

1956 年，党中央作出了一系列重要决策。1956 年 1 月 25 日，毛泽东主席在最高国务会议讲话时指出："我国人民应该有一个远大的规划，要在几十年内，努力改变我国在经济上和科学文化上的落后状况，迅速达到世界上的先进水平。"于是，受周恩来总理委托，由钱学森负责起草并于 1956 年 2 月 17 日向党中央、国务院提交了《建立我国国防航空工业意见书》，对我国国防航空工业组建的机构设置、人员选配、发展规划和实施步骤等提出了具体意见。1956 年 3 月 14 日，由周恩来、聂荣臻、钱学森筹备组建的导弹航空科学研究领导机构——航空工业委员会正式建立。1956 年 5 月 26 日，周恩来主持中央军委会，讨论《关于建立我国导弹研究工作的初步意见》。1956 年 10 月 8 日，在原四六六医院食堂里，聂荣臻宣布中国第一个导弹研究机构——国防部第五研究院（以下简称国防部五院）成立，正式拉开了我国航天事业发展的序幕。

成立之初，国防部五院共有 156 名大学生和许多其他行业的科

国防部五院成立原址——四六六医院食堂

研人员、管理人员。一年之后，1957 年 11 月，国家决定组建国防部五院一分院和二分院。其中，一分院主要承担导弹的总体设计和总装等重要任务，钱学森被任命为国防部五院院长兼一分院院长，国防部五院的很多人才都来到了一分院，1957 年底，一分院人数达到 403 人。

最初，一分院的地址选择在北京长辛店马列主义学院二分院，可是，导弹、火箭研制是一个庞大的系统工程，随着人员越来越多，原来的办公场所已经容纳不下，聂荣臻、钱学森等人通过多方调研，决定把一分院搬到北京南苑航空修理厂旁。

在历史上，北京南苑可是个有名的地方。地势平坦开阔，明清两代，这里苍松翠柏，古木参天，翠竹阴阴，芳草萋萋，是皇帝练武的地方。乾隆皇帝有诗云："行过雁桥人似画，踏来芳甸草如烟。"1937 年，佟麟阁、赵登禹等将军带领中国军人保家卫国，在北京南苑抗击日军，洒下了宝贵的鲜血，奉献了年轻的生命。中华人民共和国成立后，这里建成了可维修、试制喷气式飞机的工厂——国营二一一厂，将这里作为我国航天事业的首个研制基地再合适不过，不仅便于研制资源与产品运输，还可以基于当时的工业基础试制导弹、火箭，达到设计与制造的无缝衔接。

在确定北京南苑为我国导弹、火箭的研制基地之后，一分院开始搬家。1958 年 6 月，在炎热的天气里，一辆辆大卡车从长辛店出发开到南苑，大家卸行李、搬设备、装资料、扫房间，累得满头大汗，可是每个人的心里却是热乎乎的，因为中国的航天事业将在

马列主义学院二分院旧址

这里展翅飞翔。

后来的几十年里，国防部五院一分院的名称经过历次改革调整，逐步演变为今天的中国运载火箭技术研究院（简称“火箭院”），但永恒不变的，是“第一”的称号，在这里先后创造了中国航天史上的多个“第一”，开辟了一条中国人走向天宇的道路。

如今，北京南苑已经成为名副其实的中国航天发祥地，成为中国火箭的故乡。在这里，东风系列导弹技术取得一次次突破；在这里，长征系列运载火箭一次次走向成功与辉煌。

2
钱学森与航天的创建

正如“两弹一星”元勋黄纬禄所说：“钱学森的名字和中国航天事业是紧密相连的，在某种意义上讲，钱老已经成为中国航天事业的象征。没有钱学森，我们的航天事业也会发展，但今天发展到什么程度，是难以预料的。”

钱学森与中国航天事业的创建密不可分。1955 年 9 月 17 日，钱学森和夫人蒋英带着孩子乘坐克利夫兰总统号邮轮，从美国洛杉矶码头起程回国。10 月 28 日，一家人抵达北京。

中国科学院领导建议钱学森到东北考察，那里有许多新兴的工业和中科院的研究机构。1955 年 11 月 23 日，钱学森一行到达哈尔滨。钱学森提出，希望能见到在当地的两位老朋友——庄逢甘和罗时钧，这两位都是他曾在美国加州理工学院一起就读的老友，如今他们在哈尔滨军事工程学院工作。

钱学森的这个要求在其原考察日程安排中是没有的，但是得到

1955 年 9 月，钱学森一家在回国的船上

了上级的同意。1955 年 11 月 25 日，钱学森一行来到哈尔滨军事工程学院。出人意料的是，领头出来欢迎钱学森的，居然是身穿军服的院长陈赓大将。

陈赓院长陪着钱学森在学院参观，在一个室外小火箭试验台前，钱学森看到了一个固体燃料火箭试验装置。当时的火箭系主任任新民教授向钱学森介绍了该试验台的情况。陈赓问钱学森，在中国我们能不能自己造出火箭、导弹来？钱学森回答："外国人能搞的，难道中国人不能搞？中国人比他们矮一截？"陈赓十分兴奋，他握着钱学森的手说："好极了，我就要你这句话！"后来钱学森回忆说："我那个时候正憋着一肚子气呢，中国人怎么不行啊？所以就回答得很干脆。"多年后钱学森才知道，当时陈赓是带着国防部部长彭德怀的指示，于当日清早乘专机从北京飞赴哈尔滨向钱学森请教的。

1955 年 12 月 26 日，陈赓陪同钱学森与彭德怀会面。彭德怀询问了导弹制造方面的问题，如能否用自己的力量造出射程 500 千米的短程导弹，需要什么样的人力、物力和条件，需要多长时间等。钱学森结合军事与技术，运用深入浅出的话语娓娓道来："搞导弹当然不是一件容易的事，需要有一支搞研究和设计的队伍，需要建一些地面试验设备，也需要有专门的加工制造工厂，原材料可能需要全国各有关部门的支持。至于人力、物力，这需要仔细估算一下。而时间嘛，美国从军方开始支持搞导弹，到搞出第一枚导弹，用了近 10 年的时间。我想，我们可以比他们快，有 5 年的时间我看是可以的。"

首先发展飞机还是首先发展导弹，是当时国防科技界争论的一个焦点。1956 年 1 月，钱学森为军队的高级将领们做了 3 次演讲，题目是《关于导弹武器知识的概述》。在演讲中，钱学森提到，第二次世界大战中，德国使用的 V-1、V-2 导弹比飞机的速度快，在战争中无论是攻击还是防御，都是一项重要的技术武器装备。而攻克火箭、导弹技术未见得比飞机更难。作为无人驾驶的武器，导弹是一次性的；而飞机则需要有人驾驶，需要多次使用，这在发动机、结构、材料和飞行安全等问题上都有更多的特殊要求。钱学森的演讲，首次在国内进行了导弹知识的普及，为大家厘清了思路，发展的方向比较清晰地摆在了大家的面前。

在周恩来总理的鼓励下，1956 年 2 月 17 日，钱学森向中央递交了《建立我国国防航空工业意见书》，从领导、科研、设计、生产等方面对发展我国航空工业技术提出了建议。当时为了保密，采用“国防航空工业”一词代表火箭、导弹工业。这份意见书立足现实，统筹规划，思路清晰，掷地有声，极大地鼓舞了人心，也引起了国家领导人的高度重视。

1956 年 2 月底，在周恩来总理的领导下，国务院成立了科学规划委员会，组织了数百名科学技术专家，用了 7 个月左右的时间，研究、制定出《1956 至 1967 年科学技术发展远景规划纲要》。钱学森担任 12 名科学家组成的综合组组长，负责整个规划项目的评价、裁决、选择和推荐工作。同时，作为火箭技术专家，钱学森与王弼、沈元、任新民等合作，主持完成了规划项目的第 37 项：《喷气和火箭技术的建立》编写。该项目将喷气技术和火箭、导弹事业纳入了国家长远规划，勾画了喷气与火箭这一尖端技术的发展蓝图，提出争取在12年内走上独立发展的道路。

1956年3月14日，周恩来主持中央军委会议，讨论航空工业委员会成立事宜。会议决定由周恩来、聂荣臻、钱学森等筹备组建导弹航空科学研究方面的领导机构——航空工业委员会。4月13日，国务院成立以聂荣臻为主任，黄克诚、赵尔陆为副主任，钱学森等为委员的航空工业委员会。

1956年5月10日，聂荣臻向中央提出《建立中国导弹研究工作的初步意见》。5月26日，周恩来主持中央军委会讨论同意，并责成航空工业委员会负责组建导弹管理机构（国防部五局）和导弹研究机构（国防部五院）。钟夫翔被任命为国防部五局局长，钱学森为五局第一副局长兼总工程师，林爽为五局副局长兼副总工程师；任命钱学森兼国防部五院院长，白学光为五院副院长。

至此，中国航天事业初创时期的机构完成搭建，新中国航天事业正式启航。以钱学森为代表的中国第一代科研人员是开创我国航天事业的先行人，他们经历风雨，披荆斩棘，把智慧锻造成阶梯，留给后来的攀登者。

3 师者，传道授业解惑

钱学森曾说：“我国的科技工作者，尤其是中年以上的科技工作者，都有两项基本的任务，一是创造性地完成本职岗位上的科技任务，二是尽最大努力培养人才。要重视学科和技术带头人的培养和保护。老一辈科技工作者要把好的传统、好的经验、好的道德和作风传给下一代。”

国防部五院成立时，全院上下只有百余人，技术人员十余人，其余人员均为应届毕业生，来自各个大学的各个专业，就是没有导弹专业的，他们不知道自己所学专业与导弹有何关系，因此他们需要对导弹建立一个整体的概念。而在我国导弹研制的最初阶段，学习他人的成熟知识与技能，往往能实现事半功倍的效果，这时以钱学森为代表的专家们就成了大家最好的老师。

钱学森成立了导弹专业训练班，亲自讲授导弹概论和航空概论、空气动力学、发动机和制导概论等课程。

在1956年10月8日，国防部第五研究院宣布成立的当天，院长钱学森就为大家讲了生动的第一堂课。钱学森亲切地注视着在场的每一个人，鼓励大家不怕困难，迎难而上，团结一心，用科学的态度攻克难关，取得成功。话虽不多，但鼓舞人心，点燃了在场每个人心中的志气和雄心，引得全场掌声雷动。也就是从此刻开始，大家热情高涨，学习劲头十足。这一堂课，钱学森为大家讲授了导弹的基础知识，导弹专业训练班正式开课了。

为了提高大家的技能水平，钱学森专门编写了《导弹概论》一书，并为大家亲自系统讲授。《导弹概论》分为4讲，第一讲：为什么要导弹；第二讲：推进系统；第三讲：空气动力和结构；第四讲：制导问题。钱学森的课程内容条理清楚，逻辑性强，深入浅出，让人一听就懂。

不仅自己当老师，钱学森还请相关领域的教授、专家来讲授相关的专业知识，如弹体结构、制导、空气动力、发动机、推进剂等。朱正教授原来是学电讯专业的，并不是导弹制导专家，但钱学森却要他给学生讲制导相关知识，那怎么办呢？钱学森给了他一本从美国带回来的*Guidance*（美国版导弹丛书之一）原文书并说道："你拿去学习，学懂了再给学生讲。"于是，朱正教授开始边读原著边写讲稿，把学到的知识传授给年轻的科技人员。当时，最困难的是专业名词无现成译名，要自己创造，"Guidance"大家都不知道怎么翻译最合适，便请教了钱学森，钱学森将这个词翻译为"制导"。朱正教授点头认可，认为这两个字很精确。

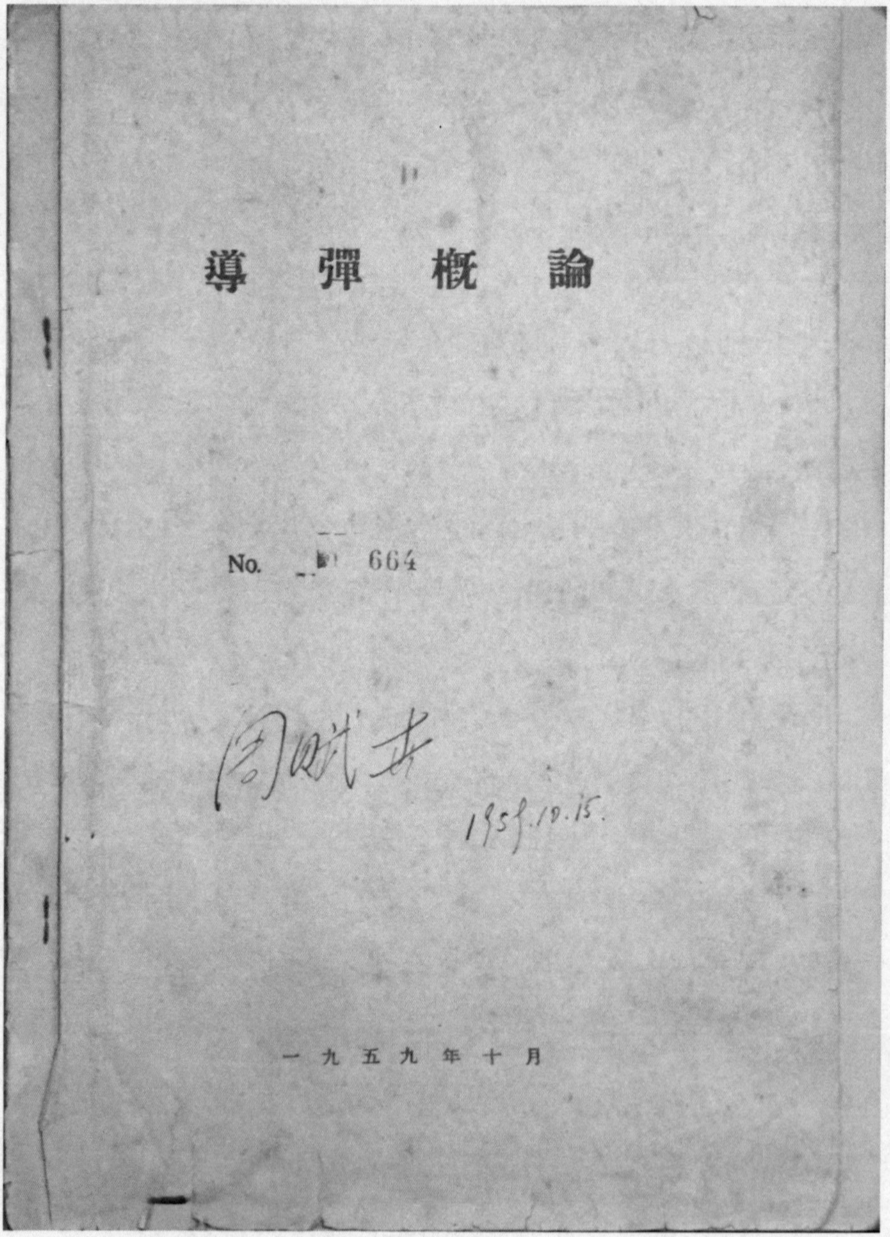

钱学森主编的《导弹概论》

就这样，在钱学森的组织下，第一期训练班的学员们在为期两个半月的培训课程上聚精会神地听讲、记录，如饥似渴地学习着知识。大家上午听课，下午进行军事操练，周六学习军事知识，日程紧凑，内容丰富。

此后，钱学森针对不同的人员，在不同的地点举办了多次有针对性的培训。在总参某疗养院临时搭建的棚子里，他给三四十人讲课；在空军医院的小礼堂里，他为几百人讲课……

正所谓："师者，传道授业解惑也。"好的老师不仅传授学业、技能，解答学习中的难题，还要培育学生好的道德和严谨的科学作风。钱学森和其他为航天事业奉献的老师，正是如此。有一次，钱学森收到一位青年人的来信，信中提出钱学森的一本有关工程控制方面的书上某个公式有错误。钱学森立即进行了复核，证实了这位青年人的判断是对的，他便立刻对错误的内容进行了修改。钱学森提醒学员们，搞科学研究就是要有修正错误的科学精神和勇气。

学习之风，代代相传。艰苦的环境和难以保障的三餐，丝毫没有阻挡大家学习的热情。以第一期训练班为起点，国防部五院在成立之初，就形成了新员工培训的优良传统。而随着技术的逐步成熟与提升，培训的内容也逐渐丰富，逐渐充实。

1959 年 9 月 18 日，在金秋送爽的时刻，当年新一期培训课程开始了。在为期 2 个月的时间里，大家进一步了解国防科学技术，掌握导弹研制的基础技能，培养基本的业务素质。培训的课程包括：《导弹概论绪论》《导弹概说》《导弹的结构》《导弹的控制系统》

钱学森给同志们讲课

《发动机的分类》《综合试验》等。培训教员既包括了各个领域的专家，如梁守槃、方俊奎、屠守锷、吴德雨、王树声、谢光选等前辈，也有不少各专业领域的技术骨干。

教员们认真备课，认真讲授。学员们认真听讲，认真吸收，简陋狭小的课堂上扬起一波又一波的学习浪潮。那时的图书馆、办公楼每天晚上都是灯火通明。图书馆的一张张大方桌旁每天下课后都坐满了年轻的科技人员，经常到了晚上十一点多，大家还是不愿意离开。可是，长期熬夜对身体并不好，何况第二天还有紧张的工作要做，疲劳战可不是办法。于是院里的一些领导干脆每天夜里十一点就赶到图书馆，苦口婆心地劝说大家回去休息。大家这才三三两两地站起来往外走去，就好像大学下课一样热闹。

导弹研制成功，火箭一飞冲天，绝不是一朝一夕的事业。当年的一分院不是大学，却掀起了不输大学里认真学习的风气。大家跟着教员学、跟着苏联专家学、跟着教材课本学、跟着同事中的佼佼者学……科技人员们勤勉钻研、长期学习，专业水平得到迅速提升。

也正是通过这一段艰苦奋斗的历程，我国的导弹、火箭技术才在十分薄弱和落后的基础上逐步发展起来，取得了举世瞩目的成就，极大地提高了我国的国际地位。

4
南苑旧貌换新颜

曾经京畿重镇，而今火箭故乡——北京南苑，承载岁月沧桑，铸就一方热土。

在历史上，北京南苑曾经是专供帝王游玩的皇家苑囿，扮演着京郊南大门的角色。这里曾是珍禽异兽的繁衍之所，麋鹿雉兔，物种丰富；这里曾是古代帝王的御用猎场，野兽出没，丛林密布；这里曾是皇帝理政的重要场所，宫殿耸立，行宫处处；这里曾是传承皇家风格的林园，花红柳绿，山青月白。1958 年的仲夏时节，北京南苑迎来了导弹研制人员，南苑的历史翻开了崭新的一页。

万事开头难。当来自天南地北的科技人员陆陆续续抵达北京南苑的时候，却发现自己面对的是几乎荒芜的场地——杂草丛生，荒废一片。紧邻着一分院的二一一厂作为导弹研制的厂房重地，尽了最大的努力为科技人员提供食宿帮助和办公用地，但在当时国内一穷二白的时代大背景下，科技人员仍面临着吃不饱、住不下的困局。

8102 工程建设中

大批人员的调入，使得生活条件一时难以跟上。大家住在帐篷里、睡在走廊上，甚至有的白天在办公室工作，晚上就打开铺盖卷铺在办公桌上休息。早晨醒来，洗把脸、吃口饭就开始了新一天的工作……大批人员因为营养不良而出现浮肿，腿上一按一个坑。但大家依旧士气振奋，因为身边的 8102 工程正在以飞快的速度进行着，一栋栋办公楼、实验楼正在拔地而起。

“8102 工程”是 20 世纪 50 年代国防部五院一分院及其试制工厂建设工程的代号，工程初步设计由苏联负责，施工图设计及土建工程由中方负责。经过选址调查组调研评估，最终确定以北京南苑二一一厂作为火箭试验、总装厂，在二一一厂及其以东地区建设一分院。

1959 年 4 月，一分院 29 号办公楼破土动工，这是 8102 工程的第一个大项目，设计图纸直接选用了军事科学院机关办公楼的施工图，建筑面积共 8320 平方米。经过 8 个月的日夜抢建，这栋大楼于同年年底交付使用。一套图纸盖起两栋大楼，这种做法在我国是绝无仅有的；而“当年开工、当年交付使用”的速度，在我国建筑史上也并不多见。

不仅仅是多个研究所，各类试验室等基础建设项目也同时开工，一些设施设备也在紧张的订货、购买中。二一一厂开始了大规模的新建、改建与扩建，从飞机修造厂向火箭总装厂过渡。

8102 工程的建设面临着很多很多的困难——人力不足、设备不全、材料短缺等，这些问题不是仅靠一分院自己努力就能解决的。

每次遇到这些难题的时候，一分院就会收到各个方面的鼎力支持和大力援助，这些帮助犹如雪中送炭，使一分院一点点度过了那些艰难开拓的岁月。

为了圆满完成这项国家重点项目，国防部五院与国家经委、国家建委、一机部、总后勤部、北京市等多个部门组建了联合指挥部，组织协调，强化管理。为此，中央军委专门抽调了一个师的兵力参加建设，而北京市则指定 11 家设计单位和 2 家建筑公司分别参与项目的设计与施工工作。

20 世纪 50 年代末，在北京南苑面积达 265 公顷的土地上，勘察、设计、建筑、安装、市政、军工等 20 多个单位、5000 余人一齐上阵，投身于 8102 工程的建设浪潮之中。施工现场机器轰鸣，人员忙碌，吊车腾空而起，脚手架四处林立，成了当时北京市的一道风景线。僻静已久的南苑突然有了“白天车水马龙，夜晚灯火通明”的热闹景象，使得北京南苑褪去曾经的沧桑，焕发出新的生机。

在加速建设的同时，工程的设备配套工作也提上了日程。然而，用于导弹研制的设备并不好找，很多设备在国内是极为罕见的。为解决设备需求的难题，一分院抓紧开展设备的引进和订购工作，实在解决不了的，就组织专门人员进行试制。

据统计，仅 8102 工程所需的仪器设备就有 3 万台（套）。其中，80% 的仪器设备需在国内落实试制生产，或从外单位调用。比如，当时由沈阳重型机器厂和上海锅炉厂联合生产的 2000 吨水压机，原本是为上海化肥厂生产的，并且已分几部分装上了发往上海的列

第一分院人员参加院建设劳动

车。但因为一分院的迫切需要，这台水压机调拨给 8102 工程使用。同样地，上海重型电机厂生产的 3200 千瓦的直流电机和武汉重型机械厂的卧式镗床等设备也都是因为一分院需要，经协调后优先调拨给了 8102 工程。

锦上添花易，雪中送炭难。国防大业里，有来自各行各业的支援！导弹、火箭的成就里，有属于他们的心血与荣誉！

自 1958 年至 1964 年，8102 工程共完成工业建筑 22.9 万平方米，民用住宅 20.5 万平方米，公用设施 4.8 万平方米。这里高楼林立，宽敞明亮、设备齐全、设施配套，科技人员终于有了良好的工作环境。而二一一厂经过新建、改建和扩建，也“摇身一变”，成为具有导弹试制与生产能力的火箭总装厂。

随着各个大楼的逐渐落成，北京南苑一步步旧貌换新颜，洋溢出蓬勃向上的昂然朝气。北京南苑，这片热土，成为我国建设最早、体量最大的火箭研试生产基地。在这里，中国航天经过从导弹仿制到自行设计、独立研制的重要发展历程，在这里，数以百计的运载火箭被先后制造出来，送往全国各个发射基地……

一部航天史，就是一部航天事业发愤图强、大力协同的历史。

“千磨万击还坚劲，任尔东西南北风。”我国的航天事业在“自力更生为主，力争外援为辅”的指导方针下从仿制起步。面对苏联单方撕毁协议、设备材料不全、图纸资料不齐、技术力量薄弱的种种难题，一院人充分依靠“集中力量办大事”的制度优势，拉起了航天事业扬帆起航的纤绳，体现了中国人民自力更生不屈不挠的坚强意志。

1960 年 11 月 5 日，我国第一枚近程导弹 1059 一举发射成功，这表明了我国已经初步掌握了导弹制造技术，是我国军事装备史上一个重要的转折点，中国从此拥有了自己生产的导弹，为后续型号的研制奠定了人才、技术、管理等方面的基础。1059 后来被命名为东风一号导弹，东风破晓，气贯长虹。

02
第二单元

第二单元 仿 制

——第一枚导弹 1059 的故事

5 第一枚导弹 1059

“合抱之木，生于毫末；九层之台，起于累土；千里之行，始于足下。”这话的意思是说，再高大的树木也是从树苗长成，再高的高台也筑起于每一堆泥土，再遥远的旅程也要从脚下起步。同样的道理，每一项大事业都是从点滴开始起步的，而伟大的中国航天事业，正是从导弹仿制开始，一点点、一步步发展起来的。

20 世纪 50 年代，国防部五院一分院正式成立了，当时一分院的首要任务就是进行导弹研制工作。然而导弹研制是一项庞大又复杂的系统工程，能够参与导弹研究与制造的人员却远远不足，身为一分院院长的钱学森开始向全国各地的高校、研究机构寻求帮助，请求人才支援。

一方有求，八方响应。航天大业，全国支持！

当时，很多学校、研究院等单位都十分支持导弹研制这项新兴事业，也支持自己单位的专家转向导弹研制，去从事这项关乎家国

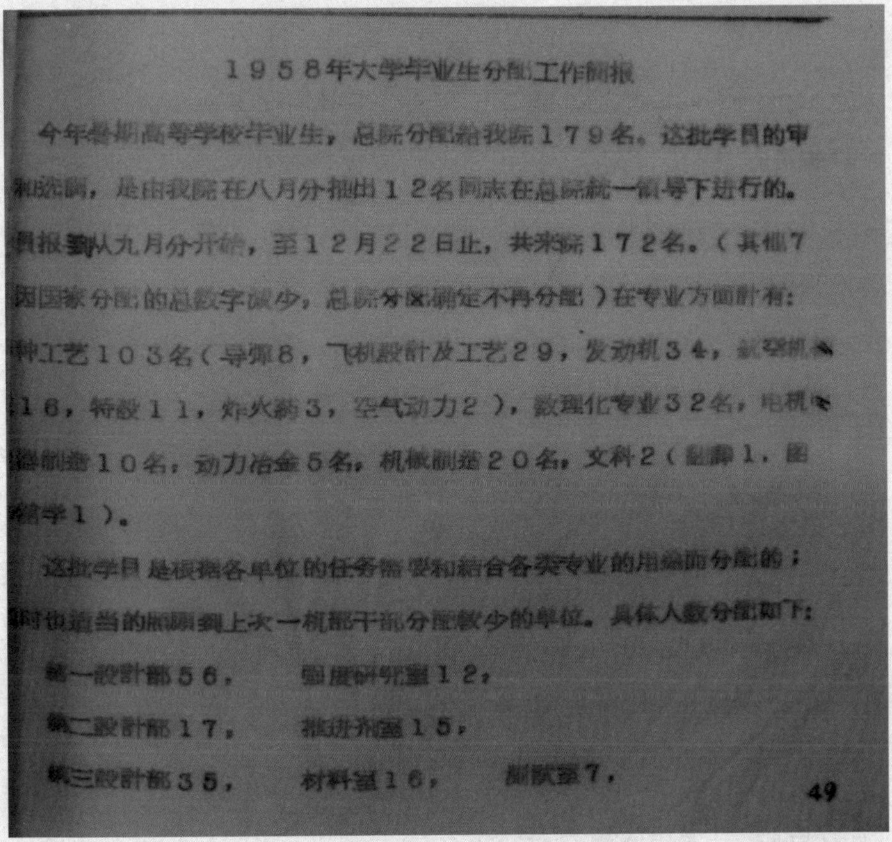

1958年大学毕业生分配工作简报

今年暑期高等学校毕业生，总院分配给我院179名。这批学员的审查统调，是由我院在八月分抽出12名同志在总院统一领导下进行的。学员报到从九月分开始，至12月22日止，共来院172名。（其他7名因国家分配的总数字减少，总院分配确定不再分配）在专业方面計有：各种工艺103名（导弹8，飞机設計及工艺29，发动机34，新型机械16，特殊11，炸火药3，空气动力2），数理化专业32名，电机电器制造10名，动力冶金5名，机械制造20名，文科2（翻译1，图书馆学1）。

这批学员是根据各单位的任务需要和结合各类专业的用途而分配的；同时也适当的照顾到上次一机部干部分配較少的单位。具体人数分配如下：

第一設計部56， 强度研究室12，

第二設計部17， 推进剂室15，

第三設計部35， 材料室16， 测試室7，

49

1958 年大学毕业生分配工作简报

安危的事业，因此人员调动十分顺畅。

著名专家任新民从东北赶来了，梁守槃、屠守锷、黄纬禄等专家学者先后来报到了，谢光选等技术骨干也调入了北京。同时，一分院从部队中接收了一批经过选拔、素质过硬的军人干部，充实各级管理岗位，从全国各地的高校接收了数以千计的应届毕业大学生。大家从全国不同的地方、不同的单位聚首南苑，一起热火朝天地开始导弹研制工作。很快，在各高等院校、各军兵种、各工业部门的支援下，一分院的人才队伍得到了有效地扩充，形成了一支以钱学森为首的导弹技术研制骨干核心力量。

人才队伍有了，但技术还是极其缺乏。1957 年 10 月 15 日，中国和苏联签署了《国防新技术协定》，苏方答应有偿提供导弹样品和原文资料，为中国训练操作人员、派遣专家支援。

苏方提供的导弹样品，就是 P-2 导弹。P-2 导弹，属于苏联的退役导弹，其应用的技术并不太先进。但对于导弹研制刚刚起步的中国而言，无疑是一个极好的样品。这枚导弹是苏联在仿制德国 V-2 导弹的基础上改进的地地近程导弹，全长 17.7 米，最大直径 1.652 米，起飞重量为 20.5 吨，有 4 个梯形尾翼，以液氧和酒精为推进剂，射程能达到 590 千米。

这枚导弹虽然外表朴实无华——看起来就像一根巨大的圆柱形铅笔，但在当时它可谓威力巨大，且世界上只有极少国家掌握了相关技术。

1957 年 12 月 20 日，严冬腊月，寒风刺骨。导弹发动机专家任新民却满怀欣喜地赶往东北，在那里，他要带领同志们在中苏交界的满洲里迎接 2 枚来自异国他乡的导弹样品。之所以选在满洲里这个天寒地冻的地点进行交接，是由于当时我国与苏联的轨道宽度不一样，制式不同，火车无法开到中国国内，只能在位于中俄边界的满洲里火车站进行导弹的拆卸与重新装车。

寒冷刺骨的深夜里，苏联装载着 2 枚 P-2 导弹和相关技术设备的 3770 次国际列车缓缓驶进满洲里火车站。等待已久的任新民立即指挥人员装卸火车，搬运物资。怀着激动的心情，大家兴奋而又认真地搬运着物资，小心地拆卸，认真地组装，仔细地检查。随后，火车轰鸣，一路南下，安全抵达北京。

12 月 24 日，国防部部长彭德怀以激动的心情，亲手解开了系在 P-2 导弹上的红绸带。而后，他要求所有人员都要认真工作，投身建设中国导弹研制事业。同时在场的钱学森院长也十分兴奋，鼓励大家说：“P-2 导弹是苏联第一代产品，谈不上先进，但对我们来说，毕竟有了教学实物，可以使我们少走弯路，我在美国就没看到过这样的实物，大家要好好学！”

深知导弹的来之不易，航天人下定决心，认真学习——而对于不知道的事情，虚心学习，耐心求教，这才是最诚实的态度，也是最快捷的路径。为了掌握导弹发射等操作技能，我国组建了炮兵教导大队，跟着苏联官兵们学习导弹操作实务，很快就掌握了导弹研制、使用、维护、操作和管理的技能。

由于保密的原因，那个年代的很多工作都有一个代号，导弹研

V-2导弹

P-2 导弹

1957 年 12 月 29 日，钟夫翔、任新民等参加苏援导弹接收仪式

制也不例外。1958 年 4 月 28 日，国防部五院正式下发通知，要求使用代号“1059”替代仿制 P-2 导弹而成的地地导弹，意思是要在 1959 年 10 月国庆 10 周年时完成 P-2 导弹的仿制任务，并要求大家在联系沟通和起草文件的时候，都要使用这个规定的代号。

1958 年 5 月 17 日，国防部五院和第一机械工业部联合颁发了 1059 任务分配表，并提出了进度要求。明确了一分院负责导弹总体设计和弹体、发动机的仿制，二分院负责控制系统的仿制。至此，一分院开始承担了大部分导弹仿制的任务，尤其是核心的总体设计和发动机研制任务，是导弹仿制的主力军与重心，是导弹仿制的大本营，可谓肩负重任。

当然，P-2 导弹的仿制工作，并不是简单地按图索骥，更重要的是要在原有基础上进行本土化的实践与完善。中国的航天事业要从仿制入手，带动导弹研制基地建设，加速人才培养，注重自力更生，尽快实现导弹的自行设计，以此缩短中国导弹技术起步阶段的摸索过程。

中国导弹研制，千头万绪，何处开始？

借鉴学习他国，仿制 1059，路在脚下！

6
众人拾柴火焰高

俗话说：“众人拾柴火焰高。”这说的是团结力量大的意思。古今中外，很多事情都印证了这个道理，而导弹研制历史上，同样有许多事例也成功验证了这句话的正确性。

1957 年 12 月，苏联为中国提供了 2 枚 P-2 导弹样品，随后又用火车运来很多配套的图纸资料。1958 年 6 月 28 日凌晨，第一批 P-2 导弹的原文图纸资料运抵北京，其中资料图纸 533 箱，工艺模型板 8 箱，共计 542 箱。天色蒙蒙亮时，大家开始卸车，把这些图纸资料全部搬进了资料库。

科技人员们十分珍惜这些图纸资料。然而，当人们打开一箱箱资料，拿出一张张目录清单，看到上面一串串陌生的字符时，只能面面相觑，无奈地摇摇头。原来，P-2 导弹的配套资料都是用俄文撰写的，中国的科技人员根本看不懂。这 500 多箱的资料，翻译工作量巨大，绝不是某个人一时半会儿就能完成的任务。而各个研

苏联援助的试验器材

究室和外协单位都在等着资料的到来随即开展工作，处在一种“等米下锅”的状态，那该怎么办呢？一分院决定，集中力量，重点突破，然后分而化之。

一分院把各个单位所有懂俄语的人都找来，齐聚一堂，由他们在最短的时间内把这些资料目录翻译成中文，以便按照目录把相对应的一箱箱资料分发给各个研究室，再由各个研究室负责自己系统范围内的资料翻译工作。

集中力量翻译目录成为行动的第一步。在短短的四五天时间里，院里所有懂俄文的人员集中在一起，开始了艰苦的翻译工作。1958 年 7 月 3 日，资料目录翻译完毕，一分院开始按照目录向院属各单位分发资料。

当时的一分院主要承担各类导弹总体设计和弹体、发动机的研制任务，下设不同专业的研究室，每个研究室中都有一些留学归国人员，顺理成章地，他们成了资料翻译的主力军并开展了相应研究领域的翻译工作。大家对应着原文目录和资料内容，按箱分配这些资料，比如：这一箱是关于发动机的资料，就分给九室，那一箱是关于导弹结构的资料，就分给八室。

各研究室把资料搬回单位后，第二步分而化之的翻译工作迅速展开。翻译人员开始全身心地投入翻译工作当中，不辞辛苦，伏案苦干。仲夏的北京，酷暑难当，简陋的办公室里没有空调或电扇，翻译人员们每天都要在闷热的环境中挥汗如雨地工作。然而，即便是满屋子的人都热到大汗淋漓、汗流浃背，也没有一个人愿意停下来休息，更没有人抱怨。在振兴中华、忠诚报国的历史背景下，每一个研制人员的心里都有一团炽热的火，点燃着他们的工作热情……

一个夜晚，钱学森院长前来慰问正在翻译的工作人员，身后的秘书从车里先后抱来了几个大西瓜。钱院长招呼大家："来，大家歇一会儿，吃西瓜！"秘书告诉大家，这是钱院长自己花钱买的西瓜。虽然此时多少有些疲倦，但大家心里舒服极了，不仅因为西瓜解暑，更因为在这酷热的夏夜，有来自钱院长的亲切关怀与鼓励……

在接收这批资料之后，一分院先后接收了 5 批苏联资料，最后一批资料于 1958 年 11 月 20 日运达北京，同样采取先翻译目录，后分配资料的方式，将资料翻译校对后，再发往各个协作厂。

协作厂，是指在 20 世纪 50 年代末参加导弹仿制中全国大协作的那些工厂。在仿制工作全面启动之后，上级领导很快发现，国防部五院没有组建自己的工厂去完成一项项科研生产任务，那么，就只能走全国大协作的道路——以国防部五院为设计方负责抓总，生产则交给相关单位来完成。比如，发动机系统由航空工业局承担生产任务，控制系统由电子工业局承担生产任务，材料由冶金部和化工部、建工部等单位负责，这样一来，就组织起了一个遍布全国的生产协作网。集全国之力，铸国防大业，成为一种崭新的科研模式。

国防部五院作为抓总单位，派出 15 组人员奔赴祖国大江南北。他们手拿图纸及有关技术资料、实物样品等，到协作厂和工人师傅们一起开展研制生产、安排试制工作。

一年的时间里，一分院共完成了约 44 万张图纸资料的翻译、复制，以及约 60 万张图纸资料的分发，将导弹部件及地面设备分为 77 项产品任务，先后安排 20 个工厂进行生产协作。

数字很简单，但这却是用数以千计科技人员的心血凝结而成的。

那个时候，无论是在大雪纷飞的东北、四季如春的贵州，还是在川蜀大地的成都、繁华的西安与南京，都有一分院科技人员的身影。顾不上路途遥远，不在意条件简陋，大家苦中作乐、乐在其中。了解工厂业务、掌握工艺装备和材料规格，协助解决生产难题，参加产品试制装配、参与培训技术工人等，驻厂的一院人视厂如家，一心扑在工作上。

而这些生产厂家也把导弹仿制当作自己光荣的事业，积极想办法克服种种困难，力争按时间、按要求完成任务。正所谓：“众人拾柴火焰高。”经过国防部五院与冶金、化工、轻工、建材、纺织、商业、高校等单位一次次协调，各行各业纷纷抽调骨干力量来参加产品试制和新品研制等工作。四一〇厂、一一四厂、三〇七厂、二四七厂、五四七厂、大连机床厂等数以百计的厂家都先后投身到导弹仿制生产中来。从对仿制生产的技术与难度的认识不足到认识到位，从缺乏工艺路线到严格工艺纪律，从学习消化资料到重视产品质量，工厂逐渐成熟，导弹仿制逐渐走向正轨。

正是在这种全国大协作的背景下，导弹仿制工作全面铺开。科学研究的春天，在大家的团队协作之下，姗姗而来……

7
我辈当自强

有一首曲调铿锵有力的歌叫作《男儿当自强》，它是在十大经典古曲之一的《将军令》曲调上改编、填词而成的，意在鼓励每个好男儿自强不息，勇做栋梁。而导弹仿制时期的科技人员，就像这首歌中唱的好男儿一样，有着自力更生、自强不息的精神。

1958 年，中国导弹仿制工作刚刚起步，由于没有可以借鉴的经验，生产中的问题和困难接踵而来。以火箭总装厂二一一厂为例，在准备材料的过程中科技人员发现，导弹弹体结构所需的原材料都是国内从来没有生产过的。比如，导弹尾段所用的冷轧锰钢板，国内不仅没有生产过，连生产加工的设备都没有。不仅仅是这一种材料，经过大致的统计，在我国导弹仿制之初，国内制造导弹需要的金属、非金属材料，甚至辅助材料都极为短缺。正所谓“巧妇难为无米之炊”，很多车间的工人师傅都因为材料短缺而被迫停工了。一时之间，原材料短缺成了最突出的问题。

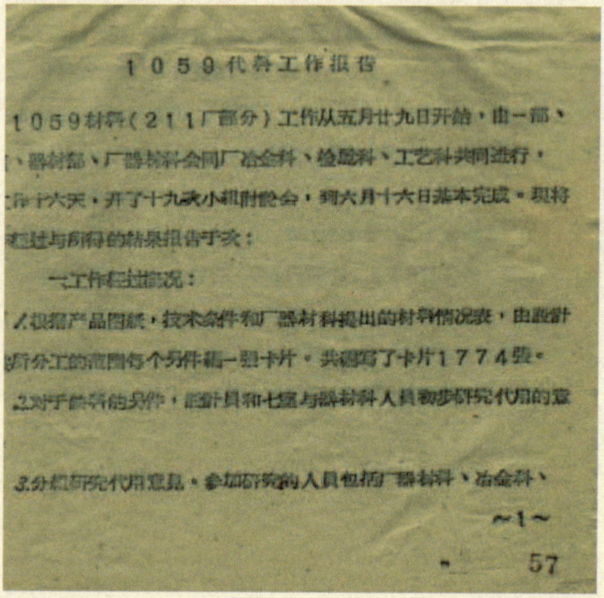

1059代料工作报告

1059材料（211厂部分）工作从五月廿九日开始，由一部、
、器材部、厂器材科会同厂冶金科、检验科、工艺科共同进行，
作十六天，开了十九次小组讨论会，到六月十六日基本完成。现将
过与所得的结果报告于次：

一、工作经过情况：

1.根据产品图纸，技术条件和厂器材科提出的材料情况表，由设计
所分工的范围每个另件编一张卡片。共编写了卡片1774张。

2.对于缺料的另件，设计员和七室与器材科人员初步研究代用的意

3.分组研究代用意见。参加研究的人员包括厂器材科、冶金科、

~1~

57

1059 代料工作报告

新材料研究成果展示

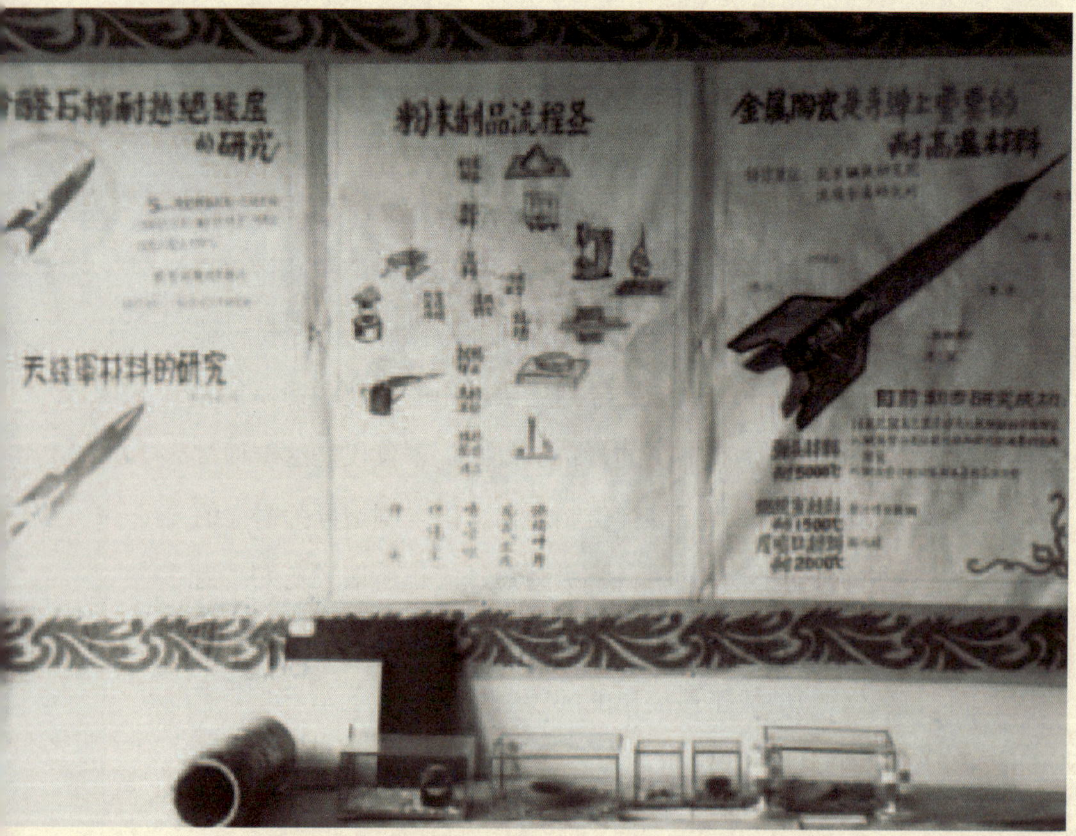

面对困难，科技人员不退缩，积极探寻出路，想尽各种办法寻找解决之道。他们一边听取专家意见，一边独立思考，不停寻找攻克难题的突破口。同时，国家也号召全国各个行业尽己所能，为导弹仿制开展材料试制工作。

在请各行各业开展材料试制的同时，科技人员分析每个零件所用材料的状况，试图寻找性能相近且不会影响使用效果的材料来取而代之，这就是大家所说的代料。比如，苏联专家要求某个部件用冷轧钢板，而此时的中国，一时做不到这个要求，怎么办？那就用热轧钢板代替。比如，按苏联图纸规定，某个密封垫圈只能用 3 岁的小公牛臀部上没有鞭伤的皮制作，要求比较苛刻，一时之间也难如人意，怎么办？科技人员在深入研究后决定结合国情，用代料取而代之。

通过实践，研制人员确立了自己的工作原则——导弹仿制需要尊重苏联专家的意见，但同时也需要自力更生、走出自己的路。重视外国专家的意见是正确的，但不能让别人的看法像绳索一样捆住自己的手脚，更不能生搬硬套。行还是不行，应当在深入分析和试验后，结合自己的实际情况，做出正确的判断。

1960 年，发动机上的一个减压器试验了 500 多次均未成功，而且苏联专家也很不看好，认为成功的希望渺茫。但大家不灰心、不沮丧，坚持钻研，最后终于试制成功。曾经，苏联专家认为某个弹上的小气瓶必须向国外订购全套专门设备，但中国的科技人员面对困难不退缩，用自己的办法开展研制，经过试验，气瓶质量超过了原有的要求。此外，科技人员还研制出了氮气保护焊接法用于波纹管的生产，不仅产品质量超过国外，报废率也比较低。我国自主研发的运输车辆，不仅质量比苏联的好，还能把液氧挥发量的指标从 4.5% 降低到 3.2%，也就是说，每昼夜可减少液氧挥发 100 千克。

根据统计，导弹弹体用的材料共 1191 种，1958 年，我国能生产 473 种，仅占 40%；而到 1959 年，我国已经能生产 1074 种材料，占比高达 90%。当时的弹体零件约有 40% 用的是代用材料，而辅助材料中的代料则占到了 80% 以上。辛勤的劳动得到了丰厚的回报，科技人员的汗水没有白白流淌……

导弹仿制过程中，大型钣金件的成型需要借助大台面、复动式的大吨位水压机。对此，苏联专家认为，中国没有条件制造箱底零件，需要赶快向苏联申请订货。然而，我国的工人师傅和技术人员联合在一起想办法，提出了一个新思路：用过渡模座的办法在武汉锅炉厂的大型水压机上进行零部件的加工。苏联专家听了直摇头，他们认为这种想法太幼稚，不可取，并扬言："按照这种做法即使生产出 100 件零件，最多只能合格 1 件。"但当时一分院的科研人员则认为：尽管只有一两个零件合格，也算是成功！而且，既然有一两个零件能研制成功，那么以后就会有 3 个、4 个、10 个或者更多的零件研制成功。于是，我国科技人员采用自己的办法，经过艰苦攻关和不懈努力，终于取得了最后的成功。但同时，大家发现，武汉锅炉厂与一分院远隔千里，这种来回奔波加工的办法不能长期保持。于是，经过上级协调，将原本为上海化肥厂生产的 2000 吨水压机调拨给一分院使用，使这个问题得以彻底解决。

科技人员还发现，从苏联引进的一些地面设备，如装载导弹物资的车辆，有些配置不适合我国国情，有的还比较落后，甚至有安全隐患。例如，按照苏联模式，发射人员应该用手摇绞车将 2.6 吨重的发射台从发射场坪沿滑梯拉到平板汽车上，但这种操作方式即使是两个身强力壮的青年人也很难一口气做到。如果稍一松劲，就会发生摇把脱手的情况，数吨重的发射台就可能从滑梯上滑下来，前功尽弃。怎么办呢？科技人员开动脑筋，设计了一套机动装卸装置，成功解决了这个问题。

导弹发射用的液氧和酒精接触后，能爆发出巨大的能量，使导弹一飞冲天。1960 年，苏联专家认为中国生产的液氧不合格，使用有危险，提出要购买苏联的液氧来使用。但此时，我国生产的液氧经过检验，完全达到了资料规定的标准，研制专家认为，我国生产的液氧是合格的，为什么不能使用呢？

大家都知道，对于导弹研制而言，只有使用自己国家生产的液氧，才是唯一的出路，长期依靠国外进口，几乎是不可能的事情。经过反复计算和资料分析，科技人员自信而又坚定地发表了意见：中国的液氧可以用于导弹发射，推进剂百分之百合格！研制专家甚至为此立下军令状。这种理智与自信赢得了上级的认可。后来，一系列成功的发射试验证明，这种意见和决断是完全正确的。

“自力更生为主，力争外援和利用资本主义国家已有的科学成果”的老五院建院方针为科技人员指明了前进方向，认真而又全面地学习国外好的经验是没错的，但同时也不能失去自信和独立思考的能力，结合国情，灵活运用才是上策。就像《男儿当自强》歌曲里唱的那样：去开天辟地，为我理想去闯，昂首挺胸，大家做栋梁！

8 困难当作垫脚石

困难无论大小，始终存在，矛盾或多或少，不容忽视。20 世纪 50 年代的导弹仿制人员给出了面对困难的一种答案——不躲避，不蛮干，直面以对，勇克难关，超越困难，迅速提升。

我国航天事业刚刚建立之初，懂行的专业人员实在是太少了，见过导弹的也不过才 3 个人而已。国家选定的火箭总装厂——二一一厂原来是个飞机修理厂，制造过教练机，生产过小型民用机，但从来没有涉及复杂的导弹领域。因而，相对于专业要求而言，这里的工人师傅技术底子薄，技术工种单一，也没有一点导弹制造知识。面对极其复杂的导弹研制任务，就好像让小孩拿着图纸去盖房子，有些力不从心，不知从何下手。

按照导弹结构而言，弹体由 8 个大部段组成，而这些部段之间，大多需要焊接。焊接工作看似简单，实际上工序十分复杂，有手工焊、自动电弧焊、自动氩弧焊、点焊、滚焊、对接焊等多种方式，

1059 箱体焊接

每一种方式都各有特点，各自用在不同的地方。可是，二一一厂当时只有手工焊、电弧焊这两种比较简单的工艺，并且掌握这门技能的焊工也不过十余人。

面对部段焊接这项艰巨的任务，研制人员不气馁，不畏惧，立刻开动脑筋，思考对策。人手短缺就增加人手，工艺不会就加强学习。一分院先后选派了 200 多名工人参加技能培训，学习各种焊接技艺。工人们一边学习，一边在工作中进行应用和实践，顺利通过每次考核。

氩弧焊在当时是一种新的焊接工艺，培养一名氩弧焊技术工人成本很高，简直就像用金子堆起来的一样，所以有人称氩弧焊工人的一双手是“金手”。这些“金手”平时要特别注意保养，为了保护双手，在家里几乎不能干家务活。而这些工人的亲人们却丝毫没有怨言，相反，他们十分理解也非常支持。在他们的眼中，“金手”是一种先进与优秀的标志，更何况，支持导弹研制是这些家属们义不容辞的责任。

发动机是导弹的主要组成部分，其中有个组件叫燃烧室。工人们知道，焊接燃烧室需要较长的时间，其焊缝总长度会达到 150 多米，相当于 50 层楼的高度。在每批产品完成试车之后，工人师傅们就拿出一台用于学习。他们把导弹部段分解、剖切成上千个试片，再逐一检查每个试片的焊接质量，提出意见与建议。就这样，工人师傅们的技艺逐步提升，从开始的不够完美、略有瑕疵，到后来的没有缺陷、合格整齐，再到后来的游刃有余，勤劳的工人师傅们投入了大量的心血，终于熟练掌握了这门技能。

在这之后，这种边学习边实践的培训方式成为老师傅们带新人的一种固定模式，工人们的技能水平普遍有了较大提升。

当时很多导弹仿制需要的关键设备无处寻找，这无疑又是一个横亘在仿制道路上的巨大困难。液压机、大型车床、精密机床，以及当时最大的设备——930 吨油压机等，只能由一分院向全国各界请求援助，请外面的工厂协作生产设备。同时，除了这些大型设备之外，一分院也注重自力更生，制造了很多零部件生产设备。

当时仿制的导弹，弹体结构由 3800 多项零部件组成。要生产出这 3800 多项零部件，最少也要有 5000 多套工装设备。然而，一分院没有这么多设备，这该怎么办呢？这时，二一一厂干脆动员全厂工人，一方面购买设备，一方面自己想办法制造设备。通过组织劳动竞赛，鼓励大家比、学、赶、帮，一步一步地推进技术革新。终于，经过一年多的努力，工厂制造出大批工装设备，满足了仿制生产的需要。

从仿制起步的中国航天困难重重，压力巨大。面对困难，积极学习，勇于创新；面对困难，一步一步稳扎稳打；面对困难，多方寻找支持与帮助。勇敢的一院人积极想办法，探索解决途径，自己能完成的努力完成，超出自身能力范围的及时提出援助请求，既立足自身、自力更生，又脚踏实地、取人之长。回过头看，以往的困难只不过是成功的垫脚石，克服困难就能一步步走向成熟发展。

二一一厂工人劳动场面

9 细节影响成败

细节一旦被忽略，就会带来一些负面的影响。20 世纪 60 年代初，导弹仿制对于科技人员而言，还是一项陌生的事业。但是，他们热情高涨，勤劳踏实，制造出了导弹各个部段的零部件。

在取得一次次阶段性成功的同时，一种骄傲自满的情绪开始在一小部分人的心里滋生。有人觉得，这么大的导弹，除了辛苦点、累点，研制起来也不过如此嘛！还有人觉得，我们只要抓紧干一阵子不就得了？乐观本来是一种积极向上的情绪，可是这种心态一旦过了头，就成了骄傲自满，会使一些人逐渐无视规章制度，对操作规程等细节也不甚在意。结果，到了 1960 年，质量事故接二连三地发生了。

1960 年 3 月 20 日，在火箭总装厂某车间，发生了某部件尾段壳体焊接质量事故。2 名工人师傅在立式焊接架上焊接导弹部件时，将内部长桁碰伤多处，在蒙皮搭接处的十多个焊点出现严重裂纹，

设计部门紧锣密鼓绘制 1059 图纸

一分院的器材工作制度

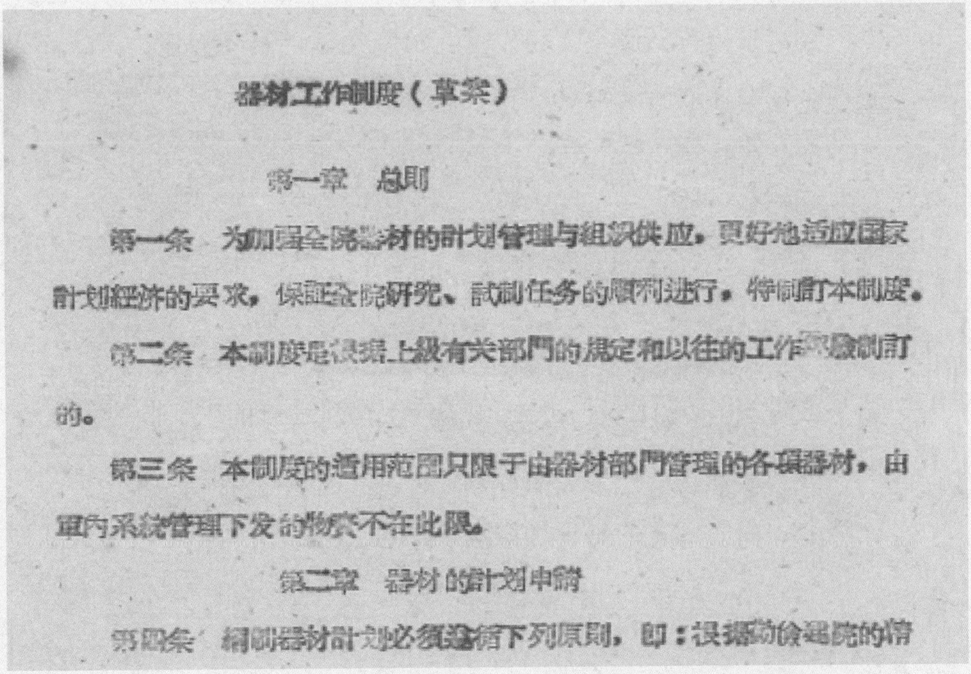

器材工作制度（草案）

第一章 总則

第一条 为加强全院器材的計划管理与組织供应，更好地适应国家計划經济的要求，保証全院研究、試制任务的順利进行，特制訂本制度。

第二条 本制度是根据上級有关部門的規定和以往的工作經驗制訂的。

第三条 本制度的适用范围只限于由器材部門管理的各項器材，由軍内系統管理下发的物资不在此限。

第二章 器材的計划申請

第四条 編制器材計划必須遵循下列原則，即：根据动力运院的情致使整个部件不能作为正式产品使用，只能改做教学部件，造成了一定的经济损失。而就在同一天，另一车间发生了某种电磁铁成批报废的事故，造成了电磁铁的损失。

7个月之后，1960年10月10日，试验站发生了液氧活门爆炸事故。这一天，试验站要对某发动机进行90秒的典型试车。上午8点，试验站工作人员开始做准备工作。一号正操作员进入现场后，把地面配气箱的盖打开，在发动机旁做调整工作。此时，一号副操作员检查了配气板上的开关，为总体检查做准备。

不久，试车组长下令，在作总体检查之前加注酒精。然而，这时的正操作员有事，不在试验现场。副操作员则根据命令立即开始了准备工作。在这过程中，虽然他发现了正操作员不在岗位，但也未做等待，而是直接打开了高压进气开关。结果，高压空气进入液氧主活门，引发了猛烈的爆炸，整个活门被炸碎。

经初步检查，调查人员发现：液氧主活门的承载压力远远超过规定的大气压，直接导致了爆炸的发生。

这些事故是无法与导弹仿制的阶段性进展与巨大的成绩相提并论的，但这些事故带来的导弹零件、部件的报废和人力、物力、财力的损失无疑成了每个科技人员的锥心之痛！

在痛心的同时，科技人员发现，这些事故几乎都是由于责任人员不注重细节，违反操作规程和操作纪律所造成的，并非不可避免。在事故面前，人们躁动的心慢慢平静了下来，自满与得意的情绪随之消散，取而代之的是一种深深的思考：导弹研制事业是如此的严肃，容不得半点马虎！

科技人员立即开展教育，改进作风，倡导以“严、慎、细、实”的态度对待各项工作。同时，建立了各种质量管理制度，严格贯彻检查制度，严格遵守工艺纪律，坚决按技术条件、图纸和工艺规程进行生产，同时，加强对各种设备的管理，坚决按操作规程办事。

保持冷静，完善程序，完备规章，超越挫折！

这一次关于产品质量与工作作风的整肃可谓一场及时雨，使得负面情绪与错误理念消散于无形，良好的作风与管理模式重新树立。而随着质量的严格把控和严肃认真的工作作风的确立，各项试验先后顺利开展并获得成功，导弹仿制的各项科研生产任务得以稳步推进。

1960 年 10 月 17 日，试验站进行了发动机典型试验。这次试验的成败将直接影响导弹的首发靶场飞行试验，事关重大，受到各级领导的重视。17 时 20 分左右，试验开始了。

“各号注意！”——试车指挥员发出预令。

“注意！”——各岗位操作手复述着指令。

“启动消防水泵！”——试车指挥员发出了第二道指令。

“启动消防水泵！”——操作手复述着口令并按下消防水泵控制按钮。

试车进入了程序，控制台上的指示灯有秩序地自动地时亮时灭，显示着各部位的工作情况。操作手大声报告着程序中的关键动作……

“点火！”——试车指挥员发出了最后一个指令。

“点火！”——操作手复述着口令并立即按下了“点火”按钮。

在大家的关注下，发动机喷出了一个小小的火舌，开始吼叫起来。霎时间，发动机喷口的火焰突然加长、变粗，巨大的响声使大地为之震动。带有蓝色光芒的橘红色火焰从发动机喷管中强力喷出，长长的火龙冲刷着试车台的导流槽，犹如金蛇狂舞，又似火龙飞腾。

时间在向前移动，40 秒、50 秒、90 秒……发动机正常关机，火焰突然变短，几秒钟后，火焰完全熄灭了，一切恢复了常态。

嗡嗡巨响仍在耳畔，当在场的人们从极度紧张的情绪中苏醒了过来，成功的喜悦溢于言表，热烈的掌声和欢呼声在山坡上响起，导弹发动机首次典型试车成功了！

这成功，来之不易，饱含了一分院科技人员的汗水与心血。

这成功，历经艰辛，超越了浮躁，克服了不足，走过了磨难。

10 言知之易行之难

宋朝大诗人陆游曾在诗中写到："古人学问无遗力，少壮功夫老始成。纸上得来终觉浅，绝知此事要躬行。"这首诗告诉我们，"知道"和"做到"是不一样的，"知道"容易"做到"难。尤其对于科学研究而言，而对于导弹仿制而言，则更是如此。

1960 年 3 月，在经历了一次次事故后，一分院的科技人员对导弹仿制工作有了更深刻的认识。所谓了解和懂得一门技术，并不代表就能掌握和熟练运用它，这中间还需要大量的实践！冷静下来的科技人员们，抹去内心的浮躁，以更细致、更认真的态度来对待导弹仿制这项具有超高难度的工作。

随着导弹弹体结构原材料的逐项落实、生产所用的工装夹具逐步齐套，以及外协生产零件的陆续交付，导弹仿制工作渐渐进入了冲刺阶段。此时，一分院向全院发出号召，组织开展了为期 50 天的大会战。

二一一厂车间工人在劳动

大会战，勤耕耘，抢进度。

大会战，重实践，保质量。

会战的主战场是二一一厂。那时候，厂里的食堂为了支援大会战，把做好的饭菜直接送到车间里，保证对工人们一天 24 小时都有热饭热菜的供应。那时候，参加会战的人们已不再区分上班还是下班、工作日还是休息日，他们连续作战，轮班休息。在这样高强度的工作当中，大家却谁都不叫苦叫累，困了就睡一会儿，睡醒了就接着干。有时工人们一口气干活到深夜，才去打上一碗白菜烧粉条，就着两个馒头吃。吃完饭，鞋都顾不上脱，盖上一件军大衣，直接在工厂车间里打个地铺睡。一觉醒来，工人们又赶紧洗把脸，继续投入火热的工作当中。

工厂里面，工人们干得热火朝天，一分院各单位的职工们也不闲着，纷纷赶去工厂支援。总体部的设计人员们更是亲自来到车间和工人师傅们一起工作，共同奋战。

按照上级指示，南苑机场有几架专门运送导弹仿制物资的运输机。这几架飞机起起落落，把车间急需的原材料、装配车间急需的零配件从全国各地空运到南苑机场。

那时候，南苑机场与工厂之间没有围墙，是相互连通着的，机场跑道的尽头正对着车间的大门。这样，导弹零部件一下飞机便直接被送往车间。那时的物资运送可谓“快捷方便、安全高效”。昨天，鞍阳钢铁厂生产的钢板被空运了过来；今天，武汉锅炉厂压制的箱底又“飞”了过来……在这段时间里，二一一厂的车间大门一

二一一厂五车间组装生产的酒精箱

直敞开着，物资运输进进出出，到处都是忙碌的景象。

会战航天，初具战果。1960 年 2 月 5 日，二一一厂生产的第一个 1059 产品部件总装完成——是由五车间组装生产的酒精箱。当天，生产车间组织了一支报喜队，大家抬着大红色的喜报，敲锣打鼓，吹吹打打地沿着大路前行，以这种方式向各家各户报告着喜讯。每个人的脸上都洋溢着真挚、喜悦的笑容……

随着一个个导弹部件的总装完成，每隔几天，马路上就会出现一支报喜的队伍，一样的欢天喜地，一样的荣光无限。这是一分院全体人员辛苦耕耘的结果，是大家长期实践、破除磨难、勇于前行的回报。

经过 50 天的努力，1059 的主要部件都陆续组装完成。1960 年 7 月，一分院负责的 18 项地面设备中，有 13 项已基本试制成功。弹上仪器、舵机、发动机等仿制工作也取得重大进展。

而这种欢愉并没有冲昏大家的头脑。科技人员明白：越是关键的时刻，越是应该冷静与理智。为确保 1059 仿制成功，一分院将 1059 配套资料与配套实情进行了逐项自查核对。这一核对，竟暴露出了 13 项较大的问题，一分院立即采取措施，查缺补漏。

前面提到，导弹仿制得到了全国各个行业的支持。而这些厂家生产的产品，在交给一分院之后，科技人员都必须进行一系列必要的检查、测试与试验，确保产品质量合格，才能够装配在导弹上。

但是，这些检查与测试该如何进行？需要做哪些试验？又需要怎样的试验条件和设备呢？没有先例可循，没有前车之鉴，几个部门的科技人员集中在一起，借鉴相关行业的经验，群策群力，想出了不少好办法，建立了一套套试验检测的工作模式。

比如，结构静力试验是检验弹体结构强度的一种重要手段。为了开展这项工作，几个部门的科研人员一起制订了1059地面静力试验方案。但在方案实施的过程中却遇到了很多困难：缺少检测用的仪器设备，测试库房高度不够，缺乏非标准设备，这一个个困难横在了科研人员面前。

有困难？不怕！

在一个旧的飞机仓库里，科技人员用旧飞机上拆下来的5个液压筒和1台手摇泵，加上自己设计的几件非标准设备，建立起一个简单的强度试验室，开始了静力试验工作。地面没有承力地轨，那就自己建造；库房的高度不够，那就“向下发展”——在地面挖出一个足够试验使用的深坑，保持相对高度的足够。

智慧，在实践中源源不断地产生。难题，被一个个攻克。就是在这种简陋的环境里，在这种艰苦的条件下，1960年3月至4月，弹头壳体、稳定裙、酒精箱等13个部段进行了320次静力试验，产品全部检验合格。

知易行难，明白导弹研制的技术途径容易，真正在实践中落实并成功掌握并不容易。实践检验知识，实践产生经验，实践带来成果。随着时间的推移，1960年秋，辛勤的科技人员在金秋送爽的季节劳动着、耕耘着，同时也收获着方方面面、大大小小的成果。

11
中国航天由此开篇

滴水穿石非一日之功，导弹仿制非朝夕之事。

历经近三年的努力拼搏，在一院人的长期奋战下，1960 年 7 月，1059 的仿制工作终于进入了尾声。弹体所有部段陆续得以交付，发动机先后通过了短程试车、工艺试车和典型试车，控制系统弹上仪器设备成功完成了仿制工作，胜利的曙光已然出现在眼前。

迎着曙光，研制人员干劲倍增。1960 年 7 月 11 日，一分院开始了为期 3 个月的奋战，并最终完成了首批飞行试验产品的总装任务。然而，正当我国导弹仿制工作逐渐走上正轨、渐入佳境之时，苏联却突然和中国发生了矛盾，单方面撕毁了《国防新技术协定》，并下令在 1960 年 8 月 12 日前撤走在一分院工作的所有专家。然而，苏联的“变卦”并没能吓倒中国人民，相反，苏方这种背信弃义的行为，更是激励了中国人迎难而上、自力更生的信念。

1960 年 9 月 6 日，一分院提出“发奋图强、自力更生、埋头苦干”

1059 发射前矗立在发射场上

的口号。从领导到一线员工，从设计员到工人，每个人都秉承着一个共同的信念：一定要把“争气弹”（1059）搞出来！

这一句慷慨激昂的承诺，背后是无数一院人的辛勤付出。那时，科技人员过起了每天食堂—宿舍—办公室“三点一线”的生活，后来索性将宿舍、办公室合并了，每天工作时间长达 12~13 个小时，“一切为了（导弹）上天”的口号，成为生活的主旋律。

士气高昂，众志成城。在大家的努力下，导弹仿制工作进行顺利。1960 年 10 月 23 日，总装完成的导弹从北京搭乘专列出发，载着全体一院人满满的希望，运往酒泉发射基地。

到达试验基地后，试验人员没有时间去欣赏酒泉发射基地的大漠美景，便立即投入紧张的测试工作中。细致地检查每个系统的配套，认真地测试每台仪器设备，一丝不苟地确认每个元器件、零件和部件是否牢固，焊点是否可靠保险。每个人都秉承着高度负责的态度，兢兢业业，不放过任何一个疑点。钱学森等专家也来到现场，进行着指导、把关的工作。

俗话说，好事多磨。1960 年 11 月 1 日，发射在即，北京的试验站却发生了一起发动机爆炸事故。当发动机工作到 55 秒时，氧化剂泵发生爆炸，泵盖上的 18 个螺栓被全部拉断，泵盖飞出 30 多米远。这种爆炸究竟是偶然还是里面有未摸透的技术问题？即将发射的导弹会不会也出现这种安全隐患？人们不由得为此次发射任务捏了一把汗。得知此事后，已经奔赴发射基地的专家任新民火速赶回了北京，专门就此进行调查。

11 月 3 日 23 时 30 分，匆忙抵京的任新民马不停蹄地组织人员召开会议分析情况、听取意见，会议一直持续到次日凌晨 1 点多。会上，任新民认真综合各方意见，最终得出结论：针对这一事故，首飞弹的发动机已进行了改进，不存在类似的安全隐患，建议 1059 按照原计划实施发射。远在酒泉发射基地的试验队员们听到这个消息，一直悬着的心终于落地了。

11 月 5 日，1059 发射任务正常进行。这一日凌晨，零下 20 多摄氏度的酒泉发射基地还未褪去浓浓的夜色，整个发射场却已被灯光照得亮如白昼。发射台上，我国仿制的第一枚导弹 1059 笔直地矗立着。各种特装车辆有序地进入各自的岗位，试验队员们根据指令准确无误地操作着，全场气氛严肃而认真。天色渐亮，天空晴朗无云，能见度极好。

9 时 28 分，1059 一声怒吼，腾空而起。起飞几秒钟后，导弹按飞行程序转弯、加速，向正西方向呼啸而去，直到化成一颗渐行渐远的闪闪亮星。7 分钟后，捷报传来，1059 弹头落在距发射台 550 公里的目标区。此次发射圆满成功了！

消息传来，发射场的欢呼声瞬间连成一片。大家高呼着、雀跃着，互相拥抱着，甚至不少人流下了激动的泪水。

回看 1059 自力更生、艰苦奋斗的研制历程，这一路所有的辛苦与付出、所有的磨难与汗水，终于在这一刻得到了应有的回报。

那时，一分院的每一个人都能够深深感悟到，1059 的仿制和成功发射，不仅仅代表着个人的辛苦与收获，更标志着我国在掌握尖端军事科学技术上向前迈出了稳健的第一步。通过这第一步，我国初步掌握了导弹研制的规律，积累了导弹研制的经验，培养与锻炼了导弹研制的人才队伍，构建了导弹研制的全国协作网络。

这对于中国航天事业而言，是最初的开创，是最新的起点，是历史的新篇章！

当然，每个科技人员也都深深地明白，中国航天的脚步不会只停留在这开始的第一步，走向自行设计与独立研制，是中国航天的必然；走向成熟与成功，是中国航天的必然；走向航天大国、开拓天宇是中国航天的必然。

良好的开端是事业成功的一半。有了仿制 1059 这样的开端，成功迈出了这艰难的第一步，尽管后面的研制路途依旧荆棘丛生，中国的航天人也不会再惧怕任何艰难困苦，他们有信心披荆斩棘，勇敢前行。

1960 年 12 月 6 日和 16 日，1059 又进行了第二发和第三发飞行试验，都获得了成功。试射结果表明，1059 达到了设计规定的战术技术指标。

1964 年 3 月，1059 被命名为“东风一号”，成为中国东风系列导弹的排头兵。随着中国导弹研制工作的不断进步，1966 年 6 月，东风一号导弹的生产线被批准撤除，结束了它的历史使命。

今天，在北京的中国人民革命军事博物馆里，有一枚退役的东风一号导弹默默地矗立着。虽然退役多年，但它作为一个历史的标记，无言地向人们述说着它鲜为人知的故事，述说着那段航天人永远难以忘怀的艰难岁月与拼搏时光……

在中国人民革命军事博物馆永久展出的东风一号导弹

一部航天史，就是一部航天事业自力更生、自强不息的历史。

“大漠起东风，两弹惊世界”——有这样一支导弹研制队伍，由蹒跚学步到稳步前行。面对失利，他们像倔强的胡杨向天而生，多少第一在这里诞生，多少荣光在这里升腾！

如果说东风一号地地导弹的成功仿制是中国航天事业的开篇，那么由我国自行设计的东风二号中近程导弹的成功发射就标志着我国的战略导弹技术开始走向成熟。此后，增大射程的改进型东风二号甲导弹研制成功并用于装载原子弹完成导弹核武器“两弹结合”试验，中国成为第五个能用自己的导弹发射核武器的国家，从而确立了拥有核武器的大国地位。

03
第三单元

第三单元　探　索

——东风二号导弹的故事

12 走出失利求改进

俗话说，万事开头难。东风一号导弹的发射，使得中国航天迈开了万里征程的第一步。这来之不易的第一步，就好像我们儿时蹒跚学步一样，虽然最初踉跄缓慢，但不会一直停滞不前，独立行走与稳步前行是迟早的事情，也是成长过程中的必须。对于中国的航天事业也一样，独立研制，才是成熟发展的重要标志。

如何在已有的技术和成果上攀登技术高峰，是一院人很早思考的问题。1959 年底，在 1059 仿制取得阶段性成功的时候，一分院就已经开始研究和筹备下一个工作目标了。经过深入的研究，科技人员发现，在仿制的 1059 基础上对导弹进行一些改进设计，就可以将射程提高到 1000 千米左右。这枚新型导弹被命名为东风二号。

1960 年 3 月，在东风一号导弹的总装开始逐步取得进展的时候，在工人师傅们抬着喜报向大家报喜的时候，设计人员开始了自己的下一步工作——设计东风二号导弹。按照设计方案，东风二号导弹全长 20.9 米，最大直径 1.65 米，发动机推力 46 吨，推进剂仍为液氧和酒精，射程达到 1200 千米（后降到 1000 千米）。

与仿制 1059 相比，东风二号导弹的射程增加了一倍。而实现射程增大的首要方法是提高发动机的推力，用更大的推力把导弹送得更远。其次，需要减轻弹体结构的重量，让导弹轻量化、弹体小型化、飞得更高。为此，设计人员下大力气对导弹发动机进行了最新设计。同时，把液氧箱由双层改为单层结构，将尾段的钢结构改为铝合金半硬壳结构，来减轻弹体结构重量。

1960 年 11 月 5 日，1059 发射成功的喜讯传来，每一个一院人都备受鼓舞。设计人员更是铆足了劲儿，通过书本、资料以及实际工作等多个途径不断学习导弹研制知识，进而迅速提高自己的设计能力。

1961 年春，东风二号导弹完成了技术设计的工作。总体和各分系统的设计图纸陆续下厂生产，并进行相应的检测试验。特别是新设计的发动机，进行了大量的组合件研究试验和系统试验。一些重要的组合件、部件都是由定点的工厂试制生产的，一分院派出多个工作组赶赴各个工厂参与生产。

1961 年 5 月，东风二号导弹从初样生产转入试样生产。此时，距离 1059 成功发射才过了短短 7 个月。1962 年 2 月 20 日，东风二号导弹第一发总装测试完毕；3 月 4 日导弹出厂，运往酒泉发射基地。3 月 21 日 9 时，飞行试验开始。

然而，让人意想不到的是，起飞后几秒钟，导弹呈现较大的左右摇摆和滚动，且明显偏离发射轨道；起飞后 18 秒时，发动机起火，

总装车间在组装东风二号导弹

火苗从舱内蹿出。紧接着，发动机关机熄火；21 秒时，导弹失控；69 秒时，导弹坠毁于发射台前 68 米。在大家惊恐的呼声中，导弹狠狠砸向地面，炸出一个直径 22 米、深 4 米的巨大弹坑。

巨大的爆炸声让在场的人们惊呆了，一时之间，所有人头脑一片空白。明白过来后，所有人的心情沉痛至极！日复一日地倾尽心血，怎么换来的却是这一声巨响和漫天烟尘？有人情难自禁，痛哭失声。甚至有人痛苦地说道："就把我埋在这里吧！"

当天的晚饭，无人举筷。当天的夜里，无人安眠。阴云笼罩在所有人心头，久久难以散去。

第二天，钱学森带着上级的亲切慰问和勉励来到发射试验基地。面对这支年轻而刚刚又遭受挫折的研制队伍，钱学森安慰大家说："既然是试验，就有失败的可能。要总结经验教训，吃一堑，长一智，以利再战。"他鼓励大家振作精神，分析失败的原因，采取切实可行的措施，继续再战。

经过钱学森温和的安慰与理智的分析后，大家悲壮的情绪开始不断缓解，回归理性。吃一堑，长一智，失利是痛苦的，但不能摔倒后趴着不动。相反，摔倒了要尽快爬起来继续前行，还要走得越来越稳健。

擦干眼泪，研制队伍一边克服着悲观、泄气的负面情绪，一边积极响应并参与到一分院开展的反思工作中，以科学、严谨的态度对待这次失利。针对这次失利，设计人员认真挖掘问题根源，提出改进措施，快速查缺补漏，并及时修改了设计方案。

1961 年东风二号导弹在酒泉卫星发射中心进行起竖

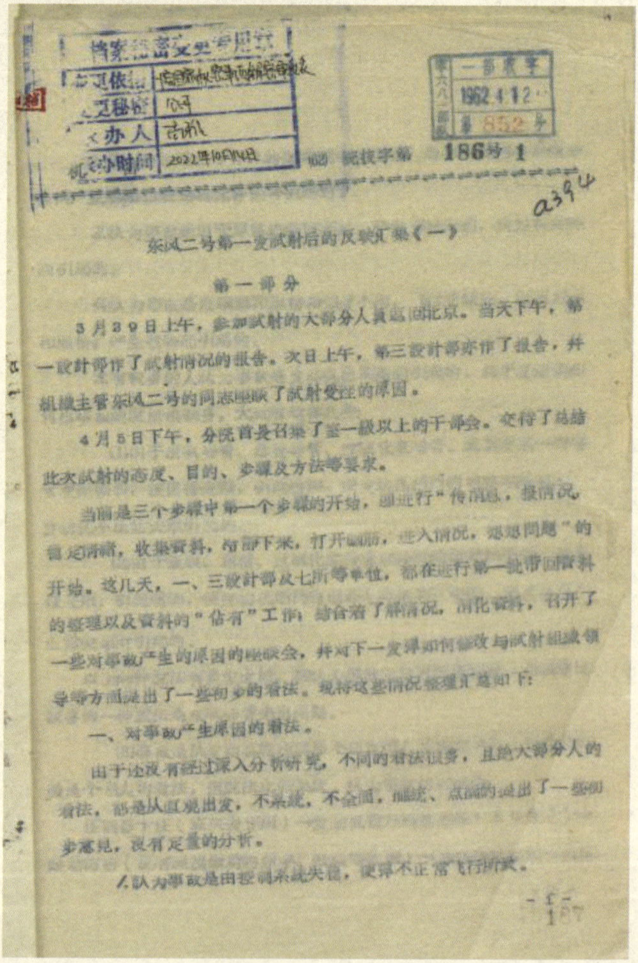

一部密字
1962.4.12
第852号

(62) 院技字第 186号 1

a394

东风二号第一发试射后的反映汇集《一》

第一部分

3月29日上午，参加试射的大部分人员返回北京。当天下午，第
一设计部作了试射情况的报告。次日上午，第三设计部亦作了报告，并
组织主管东风二号的同志座谈了试射失败的原因。

4月5日下午，分院首长召集了室一级以上的干部会。交待了总结
此次试射的态度、目的、步骤及方法等要求。

当前是三个步骤中第一个步骤的开始，即进行"传消息，摸情况，
普遍调研，收集资料，沉下来，打开思路，进入情况，找出问题"的
开始。这几天，一、三设计部及七所等单位，都在进行第一批带回资料
的整理以及资料的"估有"工作，结合着了解情况，消化资料，召开了
一些对事故产生的原因的座谈会，并对下一发弹如何修改与试射组织领
导等方面谈出了一些初步的看法。现将这些情况整理汇编如下：

一、对事故产生原因的看法。

由于还没有经过深入分析研究，不同的看法很多，且绝大部分人的
看法，都是从直观出发，不系统，不全面，概述、点滴的谈出了一些初
步意见，没有定量的分析。

1.认为事故是由控制系统失灵，使弹不正常飞行所致。

- 1 -
187

东风二号导弹第一发试射后的反映汇集

大家集中在一起，以严肃认真的态度思考着，讨论着，畅所欲言。无论是思想上的自满与轻敌，还是技术上的跳跃与冒进，或是管理上的简单与轻率，大家都直面自己工作中的不足，坦诚剖析，知无不言。

经过讨论和分析发现，原来在研制过程中的多个环节都或多或少存在一些漏洞。

科学研究是严谨务实的，绝不是凭借着初生牛犊不怕虎的勇气就能完成的。对于导弹这样一个兼具综合性和复杂性的系统工程，大家普遍存在认识不足的现象，把其看得过于简单。在仿制 1059 导弹的过程中，科研人员没有完全掌握导弹采用的技术方案和要求，没有全部掌握导弹各分系统之间内在的联系与规律，因此不能将东风二号导弹的研制理解为仿制型号的简单放大。

科学研究绝不允许有半点差错。导弹研制需要的是严谨与务实。内心的激荡渐渐平息，大家对所从事的航天事业渐渐生出一份敬畏之心。随着理性缜密的思考，一系列的办法与措施先后实施——系统工程的全面实践，型号研制的科学管理，地面试验的循序渐进，设备设施的系统建设。这些措施使得导弹研制工作柳暗花明、渐入佳境。

古人有云：福祸相依。面对不好的事情，在经历最初的痛苦之后，不能一直沉湎在负面情绪里，要静下心来理性思考、结合现实全面思考、高度俯瞰深度思考，以科学严谨的态度认真对待问题和失利，这样才有机会把坏事变成好事，收获更多经历经验，实现更为长远的发展。

13
系统工程勇实践

有诗曰："胜败兵家事不期，包羞忍耻是男儿。"这句诗即使在今日也能很好地被我们理解。人无论是做一件事情，或是从事一项事业，其过程很少会一帆风顺，遭遇失败在所难免。然而，失败并不可怕。正所谓失败是成功之母。只要对失败进行深刻的分析总结，从中查找不足与缺陷并及时修正不断完善，便会走向真正的成功。

1962 年的春天，一分院的科技工作者们走出失利，走出悲伤，再次全身心投入东风二号导弹的研制工作当中。人们广泛地集中讨论、分析研究、总结思考，一分院里又是一幅紧张而忙碌的景象。

经过夜以继日的试验与分析，5 月初，科研人员查清了东风二号导弹首飞失利的主要原因：一是在设计中没有考虑导弹的弹性振动问题。形象地说，东风二号导弹的弹体就好比一条扁担。扁担越长，在挑水的时候，扁担两端颤抖得就越厉害。导弹也是如此，在飞行中，越长的导弹颤抖会越厉害，对飞行姿态的影响越大。二是发动机强度不够，结构被破坏导致起火。这些问题都是仿制 1059 时没有出现过的。

新型号，新问题。除了以上两条最主要的失利原因之外，大家在反思中还发现了技术与管理问题，例如：当时我国还没有切实掌握飞行试验的必备条件，技术上与组织上都缺乏通盘计划；配套工作无人抓总，总装测试的责任不明确，组织管理也有待加强；飞行试验的准备工作比较粗糙；没有严格贯彻技术责任制，缺乏统一指挥等。而除了以上提到的技术和管理问题之外，科研人员还反思出一些思想问题，例如：急于求成心存侥幸的思想、不顾总体各行其是的行为，以及经验不足、研究不够的作风等。

新问题，新思维。热忱与勤奋是干好航天事业不可缺少的，但同样重要的还有理性思维与科学管理、对导弹研制规律的总结与掌握以及工程实践中的反复试炼。此外，还应进一步研究学习国外的经验，集中群体智慧，加强技术民主和技术责任制。

新思维，新举措。钱学森借助 20 世纪 40 年代他在喷气推进工作中获得的经验，结合工程实践，提出了中国航天研制的系统工程管理思想，并引导大家付诸实践。他告诉大家："我觉得，这个问题现在大家都逐渐认识到了，就是管理是一门科学，管理是一门艺术……要提高效率，要组织得好，我们就一定要掌握这一门科学技术。"

在钱学森的倡导及全体航天人的不懈努力下，系统工程管

钱学森在一分院工作会议上讲话

理——这个经过实践检验的科学的机制，开始在航天人的思想中渐渐扎根，在航天科研领域渐次推行，在航天事业中逐步应用。

系统工程管理，需要一个强大有力的总体部。导弹研制这种大规模的科学技术工作，技术复杂、涉及面宽、参与者众、协调性强。在这一套组织系统中，首先要狠抓总体管理。一项型号任务的完成，必须强调其整体工作，统一部署、统一指挥，各单位要按照型号研制的整体时间安排开展工作。而总体部就像军队的司令部一样，指挥着所有分系统单位和部门协同合作，实现全过程谋划与全系统运筹管理。

钱学森十分重视发挥总体部的作用。有一次，他鼓励总体设计人员要立足全体，做到整体优化。他给大家举例说：今天天气很热，这个房间温度很高，正好屋里有台电冰箱。于是有人提议，将冰箱门打开，不是可以放出些冷气吗？但是，这个意见是错误的，因为你在获取冷气的同时，也在通过冰箱不断向室内输送热量。也许你站在冰箱门口会感到有些凉意，但整个室内温度必然升高。这就是局部和整体的关系，局部优化，不等于整体优化。总体设计部的任务就是要做到整体优化。这个通俗易懂的例子，让大家明确了总体设计部的任务和要求。

系统工程管理，需要两条指挥线。一条是技术指挥线，也就是型号总设计师制度，它能够规定型号研制和预先研究工作的基本程序。另一条则是行政指挥线，也就是型号总指挥制度，负责研制任务的组织指挥、计划协调等工作。大规模科学研究工作是多变又交错关联的，牵一发而动全身。掌握整体计划的全面动态，及时发现薄弱环节并实施效果预测，可为正确的决策提供良好的依据。这两条线，一左一右，相辅相成，相互配合，就好像左手开弓、右手射箭，两只手各司其职，就能弓马娴熟。

系统工程管理，需要加强预先研究。航天工业系统是研究、试制、生产、试验的有机联合体，技术储备对于航天事业而言，是十分重要与必要的。根据导弹系统工程的特点，应按“三步棋”的原则开展研制工作，即在同一时间内，至少要有 3 个层次的型号：一种是在探索研究的，一种是正在设计和试制的，一种是定型后小批量生产的。这 3 种型号应同时并存，有序研制。航天技术发展是否有后劲，关键在于是否有足够的技术储备；1/3 的研制经费和 1/3 的技术力量都应安排在预先研究上，才能为后续型号研制的成功奠定良好基础。预先研究就是要起到“未雨绸缪、事半功倍”的效果。预先研究工作，大体分成两类：一类是基础技术应用研究，一类是支撑性课题预研，这两类预先研究，要安排适当，总的目标都是为了提高航天科学技术水平，加速型号的发展。

系统工程管理的理念在导弹研制领域得到广泛的普及。实践证明，这是一套行之有效的管理方法，用最少的投入，取得最大的效果，用最缜密的逻辑，走出最科学的研制路线。

东风二号导弹的首次飞行失利了，但这次失利却对中国航天产生了极其深远的正面影响。在对东风二号导弹失利进行全面反思之后，一院人进一步掌握了导弹研制的规律，实现了管理上质的飞跃。

科研人员讨论工作

这就像是学生们做错了一道数学题后，通过总结分析，发现了这类题型的规律和解题思路，并将此种学习思路运用到各学科中，从而使学习能力大幅提高一样。

14
科学管理入正轨

寒来暑往，秋收冬藏，云腾致雨，露结为霜。这是自然界的规律。生老病死，是人生的规律。而航天事业也有自身的规律与规则。探索这种规律并在实践中运用这种规律，是一种睿智的行为。

失利后的航天人经过冷静分析之后，开始运用系统工程理念进行科学管理。理念的更新与管理的迭代最终要在实践中落实，一院人为此采取了很多措施。

明确了研究方向，那就砥砺前行。导弹研制是一项复杂的系统工程，无论设计、生产、试验，都要按一定的程序和规律进行。前一阶段的工作没有完成，绝不可贸然进入下一阶段。各项工作千头万绪，纵横交错，必须搞清楚各个环节的相互关系，科学地进行统筹安排和计划，使研制工作一环扣一环地紧张而有序地进行。1962 年 5 月，总设计师系统建立，自此“一切按研制程序办事”被作为重要的工作原则，科学研究有了清晰的方向。

东风二号导弹燃烧室立集体二等功二室二组合影

明确了研究方向，那就风雨无阻。在召开了 4 次分析会和 5 次专题会之后，科研人员对发动机可靠工作问题、控制系统稳定飞行问题等提出了改进措施。随后，首批项目解决了 4 个问题：一是将尾段上部的仪器舱向上移动到酒精箱和液氧箱之间；二是在系统上对弹性波信号进行滤波，抑制高频信号，解决飞行稳定问题；三是在尾段末端采取防热措施，解决烧蚀问题；四是在弹上增加了安全自毁装置。

明确了研究方向，那就马不停蹄。在 20 世纪 60 年代，科研人员将型号研制过程划分为 4 个阶段。在方案阶段，型号总设计师及总体设计部筛选总体和分系统方案，经过模样验证、试验和理论计算后，按照最佳方案，做出全面部署。在初样阶段，科研人员紧抓落实各项指标。经过各种试验、修改设计，达到技术指标要求，使之成为正样产品。在正样阶段，科研人员充分进行地面试验，从简到繁、循序渐进。一般的顺序是：先做数学模拟，后做实物模拟；先做局部性能试验，后做综合匹配即相容性试验。最后就是小批生产阶段了。这一阶段需合理安排、交叉平行开展作业，在同一生产线上，有节奏地进行多种生产，严格遵守工艺规程，保证产品质量。这 4 个阶段步步衔接、环环紧扣。随着时代的进步，当今导弹研制将型号研制过程细化改进为“MCSD”——方案设计（M）、初样（C）、试样（S）和定型（D）4 个阶段。没有优美的文字装点，没有漂亮的辞藻修饰，科学研究的领域里，只有理性清晰、严谨细致和不断的优化升级。

东风二号导弹发动机

改型设计的东风二号导弹

科学管理进入正轨，就要开展充分的地面试验。1962 年 11 月，一分院经过全面总结，提出在飞行试验前，导弹应进行 4 类共计 17 项试验。第一类是结构静力试验、稳定系统仿真试验等 7 项系统鉴定或验收试验；第二类是弹上测量系统的验收试验、综合测试等 5 项系统与系统之间的协调性的综合试验；第三类是全弹试车等 2 项试验；第四类是弹体横向振动特性的测定等 3 项振动试验。试验需按顺序逐一开展，缺一不可。

科学管理进入正轨，就要从严格的单项试验做起。导弹的每个零部件、分系统，都要通过严格的单项试验才允许总装；只有通过从单机到系统到全弹金字塔式的地面试验，才允许进行飞行试验。对试验暴露出来的问题需要彻底解决并再次试验，直到通过试验后方可进入下一阶段的试验，否则就必须不断地修改设计、重新试验，直到通过为止。1962 年 8 月，东风二号导弹的修改设计工作转入投产与试制阶段。11 月，各项地面试验逐步铺开，单项试验、零部件试验、局部试验……科研人员严格遵守程序，认真开展各种各类试验。

科学管理进入正轨，就要在试验的基础上不断改进提高。在首次发射失利后，发动机研制工作一度停滞不前。主管发动机研制的时任一分院副院长任新民花了很大的精力来修改发动机的设计方案。有一段时间发动机试车很不顺利，不是这儿起火了，就是那儿震裂了，性能极不稳定。1963 年的整个夏天，每次试验都会出现不同的问题，研制人员为此心急如焚，寝食难安。钱学森来到试车台，细细观察，暗暗思量。他告诉大家："我们不能总是让故障牵着走，大家是不是应该回过头来想想，有什么根本问题在影响着发动机的燃烧稳定性？是不是应该考虑高频震荡问题？"这关键时刻的点拨，如黑夜里的一点烛光，点亮了人们心中的希望。在钱学森的启发下，研制人员集思广益，迅速行动，采用发动机推力室辅助冷却系统小阀门方案，并对焊缝局部结构进行了强化。1963 年底，寒冷的冬日里，在空旷的试验台上，坚持不懈的科研人员终于迎来了发动机研制的春天。

科学试验的结果往往是客观直接的，但过程却是乏味的。枯燥的工作，烦琐的试验，一个个数据的研读，一次次结论的判断，科研人员在艰苦的条件下、在有限的时间里，孜孜不倦地努力钻研。

1963 年 3 月，一分院重点讨论了东风二号导弹综合试验、齐套、总装、合练和发射的时间等 5 条集合线的落实问题，强调要搞好五抓：抓思想、抓质量、抓协作、抓调度、抓技术安全。按照科学规律办事，从地面试验开始，不断地探索，不断地实践，一个崭新的科研管理体系诞生并逐步融入工作中，一套科学的管理制度逐渐形成并在型号研制中发挥越来越重要的作用。"风雨无阻，马不停蹄，拼命力争"的口号，变成了全体科技人员的实际行动，有力地保证了以东风二号导弹为重点的各项研制工作的迅速开展。

各行各业都有其自身的规律，都需要人们去寻求、去探索、去掌握，并按照规律办事，这就是科学研究、科学管理，这才是科学精神。

塞翁失马，焉知非福。中国的航天事业也是如此，经历暂时的失利，系统地反思与自省，中国航天迎来了一个全新的面貌。

航天老前辈们认为，东风二号导弹的研制使科研人员掌握了独立研制的规律，这不仅为以后研究新型号奠定了基础，而且大大加强了发展导弹事业的信心和勇气。“这一发东风二号导弹的失败从长远来看是一件好事，它使我们真正学会了怎样自行设计导弹。”航天专家梁思礼如是说。

碎骨重塑，脱胎换骨，涅槃重生。在遭遇失利之后，科研人员迅速地成长并勇敢地实践，向着远方迈出了自信而稳重的一步。

15
抢建设施助成功

空中楼阁岂可取，科学由来重实践。

对于导弹研制而言，不能凭空想象，不能纸上谈兵。飞向天宇的高科技，必须建立在充分的试验基础上。

20 世纪 60 年代，在经历了东风二号导弹首飞失利之后，科研人员进行了深刻的思考与全面的改进，开始引入最先进的系统工程管理理念，进行完备的试验与建设。

各类试验都需要相应的设施与设备，并需要空旷开阔的试验环境。比如，需要在振动试验塔里进行检验导弹飞行的稳定性振动试验；需要在静力试验厅里进行检验导弹结构强度的静力试验；需要在全弹系统试车台上进行检验导弹整个系统稳定性的全系统地面试验。以上各种试验都需要在专门的试验室里进行，需要配备专门的设备来跟踪、测量。

科研人员细细算了一下，按照导弹研制程序，一般应开展 17

项大型地面试验。不同的试验需要不同的试验场所，且每一个试验室都是各不相同的。而这些设施的建造都是没有任何参考经验的，都需要航天科研人员参与设计、跟随施工，建造出符合要求的试验设施来。

导弹在飞行过程中的稳定性会受到各种因素的干扰，如点火、噪声、分离、空气动力等，凡此种种，都会让导弹产生不同类型的振动，从而影响导弹飞行的稳定性。因此，必须掌握各种导致振动的因素，并对这些因素进行全面的研究，进而采取足够的措施。但是若想获取这些信息只依靠理论计算和数学模拟计算是远远不够的，实践才是最好的检验标准，数据才是最好的回答，因而全弹振动试验塔的建造就十分有必要。

1963 年初，萧索的冬日里，寒风料峭中，科研人员在一块开阔的土地上开始了工程建设前的施工清理并开始打桩。打桩就是利用专用机器把桩砸进地里，目的是加固地基。从 2 月 27 日开始，在 20 多天的时间里，一共有 90 根桩被深深打入地下，成为振动塔试验塔牢固的基石。3 月 23 日，工程正式破土动工。设计单位、建筑单位、安装单位和金属结构厂等多家单位轮流上阵、交叉作业，大家目标一致、通力合作。同年 12 月 16 日，一座高达 31.5 米的多层钢结构振动塔试验塔宣告完工，笔直地挺立在京郊大地。当年开工、当年完成，振动塔试验塔的建造速度之快，堪称国内一流。

1964 年 1 月，振动塔试验塔开始正式投入使用。一次次试验、一个个数据都为科研人员做出准确的判定提供了基础信息……

振动塔试验塔

导弹研制是十分严谨的工作。单以振动来说，任何影响导弹振动的因素，都要在设计中充分考虑并在试验中充分演示出来，并采取有力的措施予以防范和处理。以事实为依据，拿数据说话，把一切问题留在地面，成为每个科研人员的信念。

大家都知道，振动试验只是导弹各种试验项目之一，除此之外，还有很多相关试验都是必须要进行的，进而很多试验设施先后开工并陆续完成。就像建设振动塔试验塔一样，每一个大型试验设施的建造都有一段故事，每一段故事里都有航天系统内外人员同心协力、通力合作的感人事迹。

静力试验大厅的建造是为了实现对导弹结构强度的检验，工程量大、工艺复杂。大厅内 5 千多平方米混凝土浇注工作要求一次完成，不允许有施工缝，水平度偏差不超过 5 毫米。如果在施工中出现停顿，就会在停顿处出现断裂或者倒塌，一切工作前功尽弃。参与的施工单位普遍认为这种操作难度巨大，前所未有。为此，来自全国各地的专家齐聚一堂，反复研究，最后确定了施工方案。

1963 年 10 月，来自多个单位的 1000 多人来到京郊南苑的施工现场。大家戴上安全帽，按照计划开动各种设备、机器，在 25 个小时内不休不眠，持续浇灌混凝土。功夫不负有心人，在千人合作的基础上，试验大厅按期完成。专家鉴定后认为，工程具有良好的整体性。这样大面积、高精度的混凝土施工，在国内是罕见的。

千人合作，持续施工，独一无二的工程，罕见的一流的质量。关键时刻、关键项目上，来自各界人士的倾力帮助，航天人默默记

东风二号导弹

在心底。

就这样，一个个大型试验设施先后诞生并投入使用。就这样，东风二号导弹振动试验、静力试验、全弹试车等17项试验如期进行。

自首飞失利之后的2年时间里，东风二号导弹研制工作就在设计与修改中进行着。1964年5月，东风二号导弹在总装测试完毕后通过专列运往发射基地。

6月29日，带着每一个航天人满满的希望，东风二号导弹点火，起飞！东风二号导弹按既定程序一路飞行，弹头准确命中目标区，精度符合要求，验证了最大射程指标，此次飞行试验取得了圆满成功。

此后，东风二号导弹又于1964年7月9日、11日进行了两次发射，全部获得成功。9月至10月，又连续发射5次，均获成功。连续的飞行试验证明修改设计后的东风二号导弹方案是正确的，各系统工作是协调的，生产质量是优良的，中国有了自己研制的战略导弹！曾经为此寒彻骨，而今梅花扑鼻香。在经历了初次挫折之后，一院人迅速成熟，稳步成长，锻造了钢筋铁骨，通过了千百次试验，一举成功！

通过研制东风二号导弹，一分院掌握了导弹研制规律，锻炼了研制队伍，建造了齐备的试验设施，实现了科学管理。但是，正如学无止境的道理一样，导弹研制更是一项长期的工作。这次的成功，虽然让人振奋高兴，但前路遥遥，骄傲自满可是不行的。

1964年7月，在一次会议上，钱学森微笑着对大家表示祝贺，鼓励大家要刻苦学习，掌握新的科学技术。他说："要看到几年来我们做出了很大成绩，已经从'小学'升到'中学'但是，在'中学'之后还有'大学'。比，要找高个子比，不要和矮子比，所以我们还要继续努力。"

是的，虽然顺利从"小学"毕业了，但是航天人的眼光不能局限在行业内或者国内，应该把眼光投入世界这个大家庭，看到和别的国家的差距，从新的起点开始新的征程。

不畏浮云遮望眼，今当立志最高远。

16 不待扬鞭自奋蹄

现代诗人臧克家有一句著名的诗作“不待扬鞭自奋蹄”，是说牛儿不用鞭子抽打催促就知道自己加快步伐前进，比喻人们在工作中积极主动，奋发自强。我国军事科技史上著名的“两弹”结合的故事，就是这样的例子。

“两弹”指的是导弹和原子弹，导弹好比是“枪”，原子弹则是枪膛里的子弹。“两弹”结合试验指的是1966年10月27日东风二号甲导弹搭载核弹头的试验。

大家都知道，航天研制工作需要未雨绸缪。早在1963年3月，在东风二号导弹研制有所突破的时候，国家就启动了导弹和原子弹结合的预先研究工作。在东风二号导弹飞行试验获得成功之后，科研人员就立刻确定了下一个新的研究目标：增大射程，即导弹要从飞行1000千米增加到不少于1200千米。为满足这项需求，导弹发动机的推力要从40.5吨提高到45.5吨，比冲要从219秒提高到

223.3 秒。新目标、新方向，科研人员又开始了新的科研攻关，而这个新的型号就是东风二号甲导弹。

1964 年 10 月 16 日，我国第一颗原子弹在罗布泊成功引爆。然而科研人员明白，单独的原子弹爆炸并不能形成足够的核威慑，它必须与有效的运载工具相结合，才能完成敌战纵深打击的使命。所以，就需要为核武器插上翅膀，而这双翅膀，就是东风二号甲导弹。

“两弹”结合，威力倍增。结合研制，复杂艰巨。“两弹”结合，需要解决“小”“枪”“合”“安”四大难题。

“小”是指原子弹要小型化。这就意味着原子弹要“减肥”，在当量不减的情况下，大大缩小原子弹的体积和重量。

“枪”是指要研制出适合发射的东风二号甲导弹，使导弹飞得更远、技术更稳定。

“合”说的是原子弹要与导弹相互适应。原子弹怕冷、怕热、怕震、怕充气、怕静电，娇小玲珑，就好像是“娇小姐”；而导弹则高大威猛，像一个健壮的“壮小伙”。打个比喻来说，“两弹”结合就像娇小姐嫁给壮小伙的一桩婚事，需要相处与磨合。

“安”是指“两弹”结合的安全问题。这次试验比单纯的原子弹试验更困难、更危险，在西方国家有“魔鬼的选择”之称。为了减少对本国的损害，美国选择在太平洋人烟稀少的海岛上进行试验，苏联选择在人迹罕至的北极进行试验。当时，由于我国尚没有强大的海军力量，所以只能选择在自己的国土上进行试验，那么安全就

贮箱低温静力试验

成为这次试验的头等大事。

科研人员是从来都不惧怕困难的，这次也不例外。“两弹”结合的这 4 个难题在大家共同的努力下，先后得到解决。

在第二机械工业部科研人员的钻研下，原子弹“减肥”工作顺利，符合条件的、玲珑小巧的原子弹终于诞生了。

在一分院科研人员的努力下，东风二号甲导弹的研制稳步推进。科研人员为导弹更换了满足试验要求的新的零部件，装配了一身崭新的“行头”。1964 年 10 月开始，东风二号甲导弹的发动机连续通过了 8 次长程可靠性试车，完成了 4 次发动机的交付验收试车和大推力试车。通过一系列的试验证明，在高、低温极限条件下，发动机均能正常工作且性能稳定。

此外，东风二号甲导弹废除了原有的无线电横偏校正系统，采用全惯性制导的控制系统，提高了导弹的灵活性；放弃了以往的单补偿方案，采取了双补偿的制导方案，提高了武器的作战性能；惯性器件采用的是比以往精度高一倍的“六分”陀螺仪，满足了导弹的精度要求；弹头采用玻璃增强塑料材料作为防热层，可使壳体工作温度降到 100 摄氏度以下。通过以上多种方式，在各系统科研人员的共同努力下，导弹的机动灵活性、可靠性和生存能力大大提高。

1965 年 11 月 13 日，东风二号甲导弹首次飞行试验成功，试验成功后，安全仍是萦绕在科研人员心头的重大问题。为了保证人民群众的安全，按照钱学森的建议，科研人员利用科学的计算方

东风二号甲导弹在发射场

中国第一枚导弹核武器发射成功（东风二号甲导弹）

法，对“两弹”结合试验的安全情况做出预测计算，得出的结论是，导弹落到柳园地区（落区附近城镇）的概率是十万分之六。对此，钱学森采用了一种比较形象的说法：“飞行失误落入柳园的概率为十万分之六，其安全程度比总理乘坐荷兰皇家航空公司的飞机访问非洲十国的安全性还高，柳园是安全的……”通俗易懂的解释，消除了人们心头的疑虑。

“两弹”结合工作在紧锣密鼓中一步步推进。从陌生到相识，从不适应到渐渐熟悉，从初步了解到深知，原子弹和导弹相处得越来越和谐了，试验也渐渐提上了日程。

“两弹”结合试验最终于1966年10月27日正式进行。9时，东风二号甲导弹搭载着核弹头腾空而起，呼啸着一飞冲天。经过检测，导弹飞行正常。9分钟之后，罗布泊传来消息——在飞行了894千米之后，核弹头在罗布泊弹着区靶心上空569米的高度爆炸。

“两弹”结合成功了！擦去紧张的汗水，科研人员紧紧揪住的心安定下来，心里充满了成功的喜悦。

风好正是扬帆时，不待扬鞭自奋蹄。在这次试验中，科研人员就好像俯首耕作的黄牛，在完成一片土地的耕作之后，就主动进行下一次的耕作。而在“两弹”结合之后，一院人依旧没有在原地停留，他们向着远方，再次踏上了新的科研征程。

一部航天史，就是一部航天事业严谨务实、突破创新的历史。

事非经过不知难。东风三号导弹是在充分的方案论证和预先研究基础上，我国完全自行研制的液体地地中程导弹。发动机新、弹体结构新，材料新……这一系列新技术带来了新的挑战和困难。面对挑战和困难，一院人迎难而上，战严寒，斗酷暑，在失败中总结经验，在挫折中奋起，取得了技术上的新突破。

东风三号导弹是“八年四弹”规划中的中程导弹，东风三号导弹的成功研制，是我国地地导弹发展史上的一个重要里程碑，为我国远程、洲际战略导弹的研制打下了非常扎实的技术基础。

04 第四单元

第四单元　突　破

——东风三号导弹的故事

17
预先研制固基石

青出于蓝而胜于蓝。在导弹研制的过程中，存在着这种现象——后研制的导弹，往往比先前的射程远、技术新、效果好。比如，在东风一号导弹开启航天事业的篇章、东风二号导弹完善了相关技术之后，东风三号导弹作为我国完全自行设计的全新型号做到了后来居上、更上一层楼，不仅在射程、推进剂和发射方式等方面都采用了当时最先进技术，更是在性能上超越了它的“哥哥们”。

“力拔山兮气盖世”，东风三号导弹身强力大，导弹最大直径达到 2.25 米，比它的“两个哥哥”足足高出了 60 厘米。这个“大个子”更具威力，起飞质量达到了 64.63 吨，比东风一号导弹与东风二号导弹加起来还要重。其最大射程可达 2650 千米，是东风二号导弹的 2.65 倍。此外，东风三号导弹的发动机推力也有显著提高，精度更是比之前的型号提升了近一倍，性能大大提升。

相对于前两种导弹，东风三号导弹从头到脚、从里到外，称得上是焕然一新，技术是最新的、材料是最新的、工艺是最新的。东风三号导弹的成功研制是中国地地导弹发展史上的一个重要里程碑，也是中国液体地地导弹技术走向成熟的一个重要标志。

而这样一个全新型号，当时采用了很多新技术的导弹，其实际研制时间却并不是很长，这与长期的“预习功课”，也就是预先研究是密不可分的。这是基于聂荣臻元帅提出的科研“三步棋”的思想。定型生产一个型号的同时，设计试制一个新型号，探索研究一个更新型号，这一科研“三步棋”要求得到了充分的体现和应用。

“八年四弹”规划中明确提出了在1965年至1972年的8年里研制出4种新型导弹，即中近程、中程、中远程和远程洲际导弹的奋斗目标。东风三号导弹就是规划中的中程导弹。

东风三号导弹正式立项是在1964年，但早在1960年2月，东风一号导弹进入生产阶段、东风二号导弹开始设计的时候，科研人员也同时对中程导弹进行了大量的前期探索和预先研究，开展了方案设计工作——对导弹的外形、功能和技术等多方面进行初步设计。为了设计出最好的第一代中程导弹，科研人员共制订出3套设计方案。1962年3月，一分院召开会议，从3套导弹设计方案中选定“液氧＋煤油”为燃料的设计方案，并明确了后续导弹研制的方向。而当时，这套设计方案在国内几乎没有任何相关研制经验可以参考。因此科研人员逐一列出了实现东风三号导弹方案设计需解决的问题清单，并开始着手逐一克服难题。

然而，当时的科研环境并不乐观。1962年5月，刚刚经历了

车间工作全景

三年困难时期的中国，不仅经济状况十分紧张，连基本的衣食住行都极为拮据。在这样的时代背景下，一分院决定缩短研制战线，集中力量研制东风二号导弹，东风三号导弹就暂时搁浅了。但是即使条件十分有限，一院人探索的脚步也一直没有停下，东风三号导弹的发动机和控制系统等重点单项课题的预先研究工作仍在继续开展。1963 年 8 月，一分院对东风三号导弹的技术指标和技术途径进行了探索与设想，对型号配套的预先研究课题进行了讨论，统一了认识，明确了研制技术途径，确定了预先研究的课题以及改用偏二甲肼和硝酸作为推进剂。这些预先研究工作真正发挥了“探方向、攻关键、上水平”的先行作用，并取得了重大的实质性成果。

机会总是属于有准备的人。东风三号导弹的研制在经历了一定时间的等待之后，迎来了正式立项。

东风三号导弹的前身为东风一号导弹。1963 年 10 月，上级要求此枚导弹的射程达到 2000~2500 千米且满足我国国防力量建设的需求。1964 年 4 月，东风三号导弹的研制工作正式启动。

与东风一号导弹、东风二号导弹不同的是，因为有了前期丰富的预研论证和单项技术的突破，东风三号导弹的研制完全“丢掉洋拐棍”，走上全新的设计之路，并全部采用我国自主研制的新技术。

1964 年 4 月，一分院对东风三号导弹提出 5 条设计指导思想：一定要考虑应用新的技术成果，设计指标要留有余地，导弹所采用的原材料、元器件要立足于国内，设计工作要严格按阶段办事，总体与分系统协调一致等。同时提出了 22 项配套的预先研究课题，

东风三号导弹起竖

包括总体方案、推进剂、推进剂利用系统、发动机、底部防热、弹上控制及测量仪器、摇摆发动机伺服机构、大型箱体、钎焊料、密封件等。

5条指导思想在研制工作中一直被贯彻执行，22个预先研究课题经过一段时间的工作，先后取得了较大的进展，有的关键技术已经突破，取得了可喜的成果。一些试制生产所需要的条件和技术改造，也相继完成，为最后敲定总体方案提供了较为充分的保证条件。

经过提前预习功课，东风三号导弹的研制呈现一派欣欣向荣、生机盎然！

就像学生学习需要预习一样，导弹研制中的预先研制也是如此，能提前解决科技难关，提高科研效率，形成良好的技术储备。

而这种提前“预习”，不仅仅是技术上的探索，还包括地面试验设备设施的提前建设。1962年11月，在总体设计部认真总结的基础上，一分院提出，要在飞行试验前进行四类试验。而这四类试验所需要的设备设施，当时是空白的。为了保证相关试验的顺利实施，一分院克服种种困难，通过摸索、探索和实践，建造出一系列崭新的试验设施，研制出一整套科学的试验程序，并在型号研制中发挥重要作用。

磨刀不误砍柴工。正是因为具备了进行大型试验的能力，东风三号导弹在研制阶段才能够进行充分的试验，获得充足的试验数据，验证航天技术的正确与否，为导弹设计与修正提供第一手的技术参考。

从立项到发射成功，只有短短的 31 个月，如此短的时间取得成功，其中重要的原因在于，当 1964 年正式开始研制时，东风三号导弹已经有了技术储备，这是预先研究在航天型号研制过程中的一次生动实践。正如古诗中所说的那样："问渠那得清如许？为有源头活水来。"

东风三号中程地地导弹

18
百折不挠克难关

有句俗语说的是“火车跑得快，全凭车头带”。火车的发动机可以带动整列火车跑起来，承载着数千人高速往返于城市之间，发动机的重要性可见一斑。在导弹研制中也是如此。射程达到 2650 千米的东风三号导弹也必须有一个能够带动它自身重量、腾空发射、跨越洲际的发动机。因此，东风三号导弹发动机就成了型号研制的重点之一。

大家都知道，推进剂就好比是汽车加的汽油，是导弹发射必不可少的燃料。导弹通过燃烧推进剂，获得巨大的反作用力，就可以飞向天空了。东风三号导弹发动机的推进剂是研制之初需要解决的重要问题，也是一个难关。为此，科研人员设计出两种方案：一种方案采用红烟硝酸和煤油作为推进剂，另一种方案采用红烟硝酸和偏二甲肼作为推进剂。但这两种方案都存在一些缺陷：如果采用红烟硝酸和煤油作为推进剂，就会带来燃烧不稳定的问题；采用红烟

导弹在加注偏二甲肼

硝酸和偏二甲肼这种方案则存在着毒性较大的问题。经过研究和比较，1960 年 4 月，确定了采用红烟硝酸和混胺作为推进剂的方案，发动机型号随之正式确定。但事实上，发动机推进剂方案后来又经历了择优改选，在 1962 年增加了“液氧＋煤油”为燃料的设计方案，于 1963 年最终择优改用偏二甲肼和硝酸作为推进剂。

动力强劲，才能飞得高远。为了给东风三号导弹提供足够的动力，科研人员决定采用 4 个地面推力为 26 吨的单体发动机同时工作，为导弹提供充足的动力。然而这 4 个单体发动机必须像听从指挥的乐队一样，充分地相互协作、步调一致，否则就会相互影响，导致导弹无法发射成功；另外，这 4 台发动机的推力值偏差不能太大，否则会影响系统间的正常工作。为此，科研人员集思广益，完成了方案设计。但是，设计方案终须实践来检验，为此，科研人员进行了模拟各种严酷恶劣环境下的静力试验，最终制定了两分机先后启动的工作程序，即将 4 个发动机分为两组，第一组先启动，第二组在适合的时机再启动，这样让 4 台发动机协调工作，并最终完成了短程、长程四机并联试车。

方案初步确定，但是还需要通过试验进一步验证——这就需要试车了。拖着硕大的发动机，科研人员来到位于京郊的试验站，在这里一次次地点火、一次次地观测，不论寒暑、不分早晚。随着 181 台次累计 1.09 万秒的试验试车，发动机方案在不断地改进与调整后，得到不断地修正。

精诚所至，金石为开。终于，4 台发动机能够在预定程序下启动，

安装燃气舵

东风三号一级发动机

并按程序主机工作、转级与关机了。试验证明，发动机工作协调，性能稳定。成功的消息传来，试车台上的科研人员一片欢呼，脸上洋溢着成功的喜悦。这一刻，他们感到往日的辛苦都是值得的。这一刻，什么也不用说，山知道我，江河知道我，祖国知道我。

勤奋的汗水没有白流，终于迎来了来之不易的成功。

然而，成功的大道从来都不是平坦的，历经波折往往是成功路上的必修课。1963 年 2 月，试验站 1 号台正在进行燃烧室的燃烧试验时，东风三号导弹发动机出现了高频震荡燃烧不稳定的现象。这种不稳定燃烧十分危险，可以在极短的时间内产生超乎预料的破坏力，使发动机瞬间损毁，将一切付之一炬。面对突然出现的这个难题，试验人员十分震惊，他们不自觉地一起围拢着发动机，紧锁眉头，陷入深深的思考中，思考如何解决这个棘手的问题。大家心里都明白，他们正面对的，是高频震荡不稳定燃烧的问题，这也是一个国际性的难题，没有人能够摸清它产生的根源与发生的规律。然而，这种情况一旦出现，必定导致导弹发射失败，甚至是导弹炸毁。

一时间，发动机研制人员心里蒙上一层阴影，他们感到重任在肩，压力如山。

压力就是动力，前进就是成功。就好像勇猛的将士遭遇强敌不会后退一样，科研人员遇到困难不但没有被吓倒，反而生出一种敢向虎山行的勇气来。从领导到技术员，全都参与到寻找不稳定燃烧现象的破解办法中。通过一次次观测、排查和验证，一院人将自己所有的智慧和力量拧成一股绳，劲儿往一处使。“就是要攻克不稳定燃烧！”成为当时科研人员统一的信念。

当时，无论是物质条件，还是技术条件都十分艰苦，简陋的条件没有影响研制人员的工作热忱，反而激发了他们迎难而上的决心。他们一个原因一个原因去分析，一个方案一个方案去尝试，即使面临着一次又一次的失败，也从未放弃过。多少个不眠之夜，他们连续奋战；多少个万家团圆的节日，他们仍坚守岗位……

功夫不负有心人，经过 181 次试车、记录了 181 本厚厚的试验日志、撰写了 181 个试验分析总结报告……在经历了 500 个连续不断攻克难关的日日夜夜，在经历了多次的失败之后，不稳定燃烧通过液相分区等一系列技术终于被航天人攻克了！

不怕千锤百炼，方能勇闯难关。

就这样，东风三号导弹终于拥有了一颗强健有力的心脏。而这种成功源于一院人百折不挠、勇毅坚定的品格，源于火箭人自己拥有的勇敢的心。正是由于这种勇敢，在航天长征的路上，一院人在一个个困难面前永不放弃，在一次次挫折中奋起，不断取得技术上的新突破，树立起了航天发展史的一座座里程碑。

19 百花齐放换新颜

一枝独秀不是春，百花齐放春满园。在发动机的难题被攻克的同时，东风三号导弹的各系统研制工作也有了很大的进展。

东风三号导弹的4大系统分别是：制导系统——导弹的“头脑”，控制导弹飞行高度、射程以及瞄准方向；动力装置——导弹的“心脏”，推动导弹高速飞行；弹体结构——导弹的“身躯”，决定了导弹的外形和“颜值”是否高大威猛，是否比例协调；战斗部——导弹的弹头，直接用以毁伤和杀伤，是整个导弹的“杀手锏”。只有导弹四大系统全部精良，才能促使导弹整体性能的大步向前。

在一分院科研人员的努力下，东风三号导弹的这4门功课，科科优秀，是妥妥的“学霸”一枚。

先说说东风三号导弹的“头脑”——制导系统。在设计之初，东风三号导弹就被提出要比东风一号导弹、东风二号导弹命中精度

科研人员工作场景

更高的要求。为此，科研人员把高精度惯性器件作为重点的预研课题，开展了长期的研究与探索。高精度惯性器件是导弹瞄准的核心，其核心部件是高精度陀螺仪。高精度陀螺仪用在自动控制系统中作为信号传感器来控制导弹的姿态和轨道。它的误差越小、稳定性越高，导弹的命中精度就越高。然而对于高精度陀螺仪的研究和攻关并不容易。早在 1960 年，就开始了对相关技术的不断攻关、试验和改进，通过多年钻研，最终研制出了精度高、误差小的陀螺仪。同时，为了使制导系统变得简单便捷，科研人员还研制出了一种横向加速度表，能使陀螺仪直接输出横向加速度信号，从而提高导弹的可靠性。

然而，这项创新也带来了新的问题——虽然增加横向加速度表可以简化制导系统的工作方式，但因为陀螺仪的重量增加了，受到的干扰变大了，陀螺仪的精度有所降低。于是，科研人员又想出了办法：采用高速马达来提高陀螺仪的精度，在保证了惯性器件精度的同时兼具了便捷的工作方式。

东风三号导弹强健的弹体结构也是一步一步成长起来的。弹体设计为 2.25 米，从头到尾分别装载着弹头、推进剂箱和发动机，其中推进剂箱占了很大一部分。然而，当时我国的国产铝板宽度还不能制造这么大的推进剂箱。为此，1963 年初，一院人开展了对大直径推进剂箱底的外形和拼焊形式的研究。

在实践中，科研人员发现，推进剂箱的箱底应该由一整块铝板压延成一个半球形状。但当时国内没有任何一家企业能生产出这种铝板。于是科研人员开动脑筋，将箱底改为由 6 块瓜瓣和 1 个顶盖拼焊而成。瓜瓣先是单个加工，而后再双瓣拉伸成型。使用这个方法，只需要用 1.5 米宽的铝板就可以制造出直径 2.25 米的箱底了。这个方法被称为“预制瓜瓣拼底焊接”，成为当时国内独一无二的先进技术。同时，为了能够焊接出合格的箱底，一院人制造了一套大型拼焊夹具，专门用于大直径的焊接工作。就这样，推进剂箱底的难题也迎刃而解了。逢山开路、遇水搭桥，遇到难题就迎难而上，一院人就是这样坚韧不拔。

在导弹的弹头研制方面，防热材料的研究也取得了重大进展。1964 年，钱学森组建了我国第一个关于弹头防热研究的全国性调研组，亲自担任组长。调研组为解决弹头再入大气层的气动防热问题组成强有力的研究队伍，推动了这项研究。

四个方面预先研究成果的充分应用，四个方面的焕然一新，东风三号导弹从里到外、从头到脚都是崭新的、领先的。完全摆脱了东风一号导弹与东风二号导弹在设计上的条条框框，东风三号导弹实现了全新的设计方案，实现了全新科技成果的应用。假如说一项预先研究成果的成功应用就好像盛开了一朵鲜花，那么一项项成果的先后应用是不是就为东风三号导弹带来了崭新的面貌和春意的盎然呢？东风三号导弹的研制共涉及 22 个预先研究课题，每个课题都是开展时间较早、准备十分充分。因此在导弹立项之际，有的关键技术已经得到突破，有的也已经取得了可喜的成果。22 朵鲜花的盛开，带来的是东风三号导弹研制工作的春光明媚。

一院地面设备研制人员合影

东风三号导弹在吊装

1965 年 3 月，东风三号导弹总体方案得到批准。1966 年 12 月，导弹在酒泉发射基地首飞试验取得基本成功。在如此短的研制周期内取得了我国中程地地导弹成功的关键在于预研比较充分，采用了相对成熟的技术。在此之后，一院人追求卓越，继续不断完善着东风三号导弹的各种性能，促使其各项性能越来越优异。

航天产品的研制是一个持续创新的过程，每一个新产品的成功都是不断集成创新的成果，是立足全局、整体创新的结果。在创新的过程中出现失败的经历在所难免，航天人面对失败，以永不言败、愈挫愈勇的勇气，攻克了一个个难关。航天人也从未因为取得了一点成绩而停下创新的脚步，永不停步、勇攀高峰的精神引领着他们在各个领域持续创新，多点开花。一项项创新成果为航天事业的不断发展打下了坚实的技术基础。

20
无规矩不成方圆

钱学森曾说过：必须遵循科学的研制工作程序，正确处理阶段性与连续性的关系。型号研制工作又具有严格的连续性。阶段间必须保持密切衔接。合理地交叉作业、平行作业以及一系列的三结合，不但是可行的，而且是应该提倡的。正确地划分阶段不同于唯条件论，它更有利于发挥人们的积极性、创造性。[1]

东风三号导弹的研制成功，除了取得多个自主研发的新技术突破外，还有一个颇具创新的项目研制程序图，科学机理清晰，饱含科研技术。那么，这个研制程序图说的是什么呢？很简单，说的是规律、规矩。

“无规矩不成方圆”，导弹研制的过程中，千头万绪，也有个先后顺序，分轻重缓急。事情越多、越复杂，这先后排序就越重要。东风三号导弹的研制也必须有主有次、分清轻重缓急，不能“眉毛

1　中国运载火箭技术研究院 . 钱学森与航天一院 [M]. 北京 : 中国宇航出版社，2012.

钱学森（一排左四）与科研人员合影

胡子一把抓”。我们都知道，导弹主要由四大部分组成。那么在导弹研制的时候，是先制造东风三号导弹的“头脑”还是“躯干”？什么时候应该将东风三号导弹各个“身体”部分进行组装？什么时候又应该进行哪些试验？东风三号导弹的研制工作是一项复杂的系统工程项目，需要完成的工作可谓千头万绪。那么科研人员是怎么有条不紊地开展工作的呢？——研制程序图告诉了我们这个答案。

当东风三号导弹正式列入计划、开始型号研制的时候，钱学森积极倡导大家要为型号研制制定相应的“研制程序图”，并首次在东风三号导弹上试行。所谓“研制程序图”，就是按照时间顺序将研制东风三号导弹所有的工作排列在一张总表上，为有序开展科学研制提供了“总体与顺序”的理念。

过程看似简单，实则内含丰富。钱学森倡导的“研制程序图”并不是简单地将所有工作按时间顺序列在一张图上，而是通过程序图，厘清东风三号总体与各个组成部分之间的关系，进而决策所需采用的关键技术。东风三号导弹的组成层级从上至下大致可以分为总体、分系统、子系统和组合环节。假设我们将东风三号导弹比喻成一个人的话，那么这个完整的人就是一个总体；而分系统就好比是组成人体的各个系统，例如消化系统、血液循环系统等；子系统就像是组成人体各个系统的器官；而组合环节可以看作组成器官的各个部分。

“研制程序图”的绘制过程就是“抽丝剥茧”的过程，从总体、分系统、子系统到组合环节一级级向下分解。科研人员根据自身业务，罗列出自己所参与的组合环节的工作程序，再向上反馈给子系统管理部门。各个子系统管理部门汇总自己所有组合环节的工作程序，再向上反馈给分系统管理部门；分系统部门也依此循环，直至东风三号导弹研制所有工作按照时间和层级排列成一张总表。同时，还要经过科技人员进行多次讨论和确认，最终确定正式且有效的研制程序图。

罗列工序、绘制图表并不简单，但这难不倒善于攻关的一院人。由一院院长带队，管理人员深入东风三号导弹研制的第一线，和设计员、工人等共同探讨一道道研制工序。一线人员更是心系型号、士气高涨，每个人都积极参与到绘图工作中，仔细梳理每一道工序、认真思考每一处细节。通过大家集思广益，对研制程序图进行了充分的讨论，提出和补充了很多有价值的意见与建议，直到修订出最终版的研制程序图。

在实践中，研制程序图发挥了积极的作用——按照程序实施管理，按照图表掌握进度。有了研制程序图，科研人员可以对东风三号导弹采用的关键技术进行研究、比较和管理，可以根据实际研制需要及时调配人员，可以在每一项工作开始前配备好相应物资，可以在开展各项试验之前建设好相应的配套设施等。

按照研制程序图，任务层层分解，责任明确到位，短线问题清晰可见，长线规划成竹在胸，既保证当前又能兼顾长远，研制管理更为形象化、系统化、程序化。有了研制程序图，型号研制相关的所有工作都能够有条不紊地开展，确保东风三号导弹研制的每一步都走在正确的道路之上。

东风三号导弹研制程序图既能够充分反映型号研制工作的规律，又可用于型号研制的决策分析，还可作为工作安排与指导的参考，是东风三号导弹研制工作科学化开展的风向标，为以后的型号研制树立了样板。

东风三号导弹研制程序图的制定是系统工程理论的成功实践，体现了按科学规律办事这一思想。

通过东风三号导弹研制程序图的实践，为以后时间紧、任务重、头绪多的航天研制生产任务管理提供了借鉴。研制程序图的应用在进度控制、资源调配等方面发挥了重要作用，为研制过程管理提供了基本遵循，使研制过程更为清晰、科学和规范。

21
不惧沙海寻残骸

大鹏一日同风起，扶摇直上九万里。

1966 年 12 月 26 日，随着发射倒计时一秒秒归位到“0”，第一枚东风三号导弹喷射出巨大的火焰飞向高空，并按照预先设置好的程序一步步完成指令，最终飞向胜利的终点，标志着东风三号导弹开始登上崭新的历史舞台。

那一天，东风三号导弹弹头落入指定落区，首飞试验成功。这个振奋人心的消息给数年坚守的航天人带来满满的成就感和自豪感。但是，“外行看热闹，内行看门道”。当科研人员对试验数据进行分析比对时，发现了一个重大问题——在发动机即将关机的前几秒，推力突然下降。这个成功背后“不起眼”的问题引起了当时航天人的注意。也正是因为这个问题，在东风三号导弹研制队伍看来，这次首飞试验只能算作比较成功，不能算圆满成功。

东风三号

任新民（左三）和东风三号导
弹发动机科研人员多年后合影

在航天产品研制过程中，航天人始终坚持精益求精的态度，狠抓产品质量，一丝不苟，不放过任何细节，确保产品“零缺陷”。

通过技术分析，科研人员发现，导致东风三号导弹首飞试验中推力不足的根本问题是发动机最下方喷管撕裂。鉴于东风三号导弹当时只进行过这一次发射试验，并不能确定这个问题是偶然事件还是技术缺陷，是设计问题还是工艺问题。1967 年 1 月 12 日，东风三号导弹进行了第二发飞行试验，同样出现了这一问题。并且，这次弹头未能落入预定落区。

为了寻找故障的真实原因，解决发动机喷管撕裂问题，1967 年 1 月，科研人员做出一个大胆的决定——远赴沙海寻残骸，也就是立即组建搜寻队，到沙漠落区中寻找东风三号导弹飞行试验的残骸，查明故障原因。

在一般人看来，到沙漠去搜寻发动机残骸，条件不仅艰苦，还有一定的风险，甚至可能有生命危险。但在科研人员的眼中，导弹残骸上留有东风三号导弹飞行中推力突然消失的重要证据，那些散落埋藏在大漠中的导弹残骸，每一块都是科研人员眼里的“宝贝”，因此，必须深入一线，获得第一手资料。

由发动机总师任新民带队，6 人组成的搜寻组很快成立。他们从酒泉发射基地出发，辗转换乘，一路奔波。越过浩瀚的塔克拉玛干大沙漠，从驻地换乘直升机深入沙漠 100 多公里，最终抵达指挥所。

没有想象中的大漠孤烟、长河落日，马扎山虽名为山，实际上既没有石头，更没有树木，除了满目黄沙，连骆驼草也很难见到。无边无际的大漠沙丘之中，几顶若隐若现的小小军用帐篷就是指挥所。就是在这样特殊的沙漠气候和自然环境里，马扎山指挥所开辟出了一小片新天地——指挥所靠近沙漠里一条半干涸的小河，河里零星的冰块可提供宝贵的淡水。此外，指挥所还在沙漠里建造了几个地窖，作为工作人员的办公室和宿舍。大家日常起居和工作都在地窖里，既能抵御部分严寒，又能防御风沙。搜寻组到这里总算在沙漠中落下脚来。

1 月的大西北，寒风萧瑟，搜寻组的步伐并未因此停歇。此次搜寻任务由熟悉地貌环境的指挥所领导带队，40 多名同志参与其中，大家一同向无人的沙漠进军。

在沙漠中奔走，步步艰难。一路行走，一走一天。渴了，就从骆驼背上把冰块拿出来溶化后饮用；饿了，就把冻得僵硬的烤馍泡在行军罐头中加热后充饥。正午时分，大漠骄阳似火；凌晨午夜，大漠寒冷如冰。搜寻队一路就在这样极热极寒交替的环境中艰难前进。在与恶劣的自然环境抗争四天三夜后，胜利的曙光终于出现了。

那是出征的第 4 天，经历了一整个白天的跋涉寻找后，搜寻队终于在太阳落山前发现了一片茶杯盖大小的黑色金属残片。经发动机设计师鉴定，这就是东风三号导弹的发动机残片。搜寻队立刻欢呼了起来，“大海捞针”的工作终于有了进展。

第二天一大早，搜寻队乘胜出征。他们在沙丘上遇到一个牧羊人，据牧羊人回忆说，他曾听到过雷声，看到一团火就掉落在前方。搜寻队按照牧羊人说的方向又走了一百多里路，终于找到了大量的发动机零件碎片。暗淡的金属碎片半埋在沙砾之中，像夜空中暗暗流动着的星光。东风三号导弹四机并联的发动机也全部找到了——其中 1 个裂了，另 3 个完好。至此，东风三号导弹千里沙海寻“宝”的征程取得了圆满胜利。

通过对东风三号导弹残骸进行试验比对分析，终于真相大白，科研人员发现发射中导弹燃烧室内壁屡次撕裂，是因为燃烧室集合器的铅焊有问题。科研人员立刻采取了针对性措施，有效地解决了问题。

在这之后的东风三号导弹再未出现燃烧室内壁撕裂、推力消失的问题，发射任务也都实现了圆满成功！

千里沙漠找残骸的故事在此后火箭研制的历史中，也偶有发生——面对失利，进行充分分析，查找故障原因，这是第一步。为了验证分析、推理的正确性，切实掌握证据，获得第一手科学资料，是航天人“严、慎、细、实”作风的体现。同时面对恶劣的自然环境、艰苦的工作条件，航天人从未畏惧过，哪怕是有生命危险，他们也毫不退缩，勇往直前，因为他们知道，试验数据积累得越多，分析论证得就越全面，确保成功的可能性就越大，而自己的牺牲算不了什么。

一代一代的航天人，胸怀祖国，前赴后继，用他们的勤劳、智慧和汗水，为中国航天事业奉献着青春甚至生命，无怨无悔。他们就像天上的一颗颗星星，汇成了中国航天的群星灿烂，创造了中国航天今天的辉煌成就。

一部航天史，就是一部攻坚克难、奋力拼搏的历史。

87 年前，党领导“红色铁军”，勇跨十余省，长驱数万里，一路不畏艰难险阻，披荆斩棘，勇往直前，完成了举世瞩目的伟大长征。毛主席为此写下《七律 · 长征》以作纪念。我国的运载火箭也以“长征”命名，这寓意着我们的火箭事业一定会像红军长征一样，一路跨门槛、攻难题、平坎坷，历经千辛万苦，向着成功进发！

长征一号运载火箭是为发射我国第一颗人造地球卫星而研制的运载火箭。它是在我国两级火箭的基础上增加一个固体三级而发展起来的。1970 年 4 月，长征一号运载火箭成功将“东方红”一号卫星送入太空，宣告了中华人民共和国进入空间的新时代。

05
第五单元

第五单元　启　航

——长征一号运载火箭的故事

22 不畏浮云遮望眼

对于人类而言，宇宙是充满浪漫的神秘之地，处处透露着未知之美。在 2019 年的诺贝尔奖颁奖现场，加州理工学院著名物理学家西恩·卡罗尔曾用“咖啡杯”形容宇宙，让我们试着想象一下：温润的白色牛奶冲入咖啡，丝丝缕缕，美妙而纷杂。它看似丝滑，却又暗流汹涌，看似随机，又充满了各种必然。一切从有序变得无序，在牛奶和咖啡的漩涡中，在白与黑的纠缠中，我们得到最精致的纹路和最绚烂的线条。而人类就是宇宙咖啡杯中的漩涡，是低熵变为高熵中的意外，就像路边无序却美丽的花朵。

这段对宇宙的描述是不是浪漫极了！人类也正是怀着这样美好的诗意，在探索浩渺星空的征途中不断前行。

中华人民共和国成立后不久，国家决定大力发展自己的导弹武器事业。历史告诉我们一个真理：一个国家是否强大不能单就经济总量大小而定，一个民族是否强盛也不能单凭人口规模、领土幅员多寡而定。近代史上，我国落后挨打的根子之一就是科技落后[1]。1965 年，《地地导弹发展规划》出台，中国人准备铆足了劲打造自己的“四大金刚”——利用 8 年时间研制中近程、中程、中远程和远程洲际导弹。

前文提到的中近程导弹和中程导弹就是四兄弟中的“大哥”和“二哥”。“大哥”名叫东风二号导弹，射程 1200 千米，是中国人突破从仿制到独立设计这一关，用我们的双手设计和制造出的自己的导弹。“二哥”东风三号导弹身手更好，能飞 2500 千米，有了它，中国也就掌握了液体弹道导弹技术。中远程导弹排行老三，和“二哥”最亲近，不仅身上有不少“二哥”的影子，在弹体直径和制导系统上，和“二哥”也是一样的。

大家可能会很疑惑，难道导弹不应该是全部采用新的技术吗？其实这就是科学研究中讲究的“循序渐进”。当时我国在多级导弹的研究上还有很多技术问题没有取得突破。直接“一步到位”研制全新的远程导弹，周期实在是太长，科学家们就在中程和远程之间设立一个技术台阶，以中程导弹为基础，充分利用现有的技术成果和研制设施，研制一个中远程的两级导弹，从而解决远程导弹必然会遇到的级间分离、发动机高空点火等问题。有了中远程导弹提前踏出的一条路，再研制远程导弹就容易得多。

中国航天还有很多这种“循序渐进”的例子，比如著名的“金

1 习近平总书记在中国科学院第十七次院士大会、中国工程院第十二次院士大会上的讲话 [Z]. 北京，2014.

我国首枚自主研制的“东风二号”导弹发射成功

牌火箭”长征三号运载火箭，它是一种三级低温液体运载火箭，成功运送过很多明星载荷，比如“嫦娥”月球探测器、北斗导航卫星等。长征三号运载火箭的一子级和二子级就是由长征二号丙运载火箭改进而成的，这样做不仅可以缩短研制周期，节省研制经费，还能降低研制难度，快速实现目标。

科学研究从来都不是一片坦途。即便用了“二哥”东风三号导弹的很多成熟设计，中远程导弹的研制还是遇到了不少难缠的“拦路虎”：弹体结构承受不了上千摄氏度的高温高速热气流；高空氧气稀薄，燃料无法充分燃烧；没有昂贵的专用设备进行高空试车；发动机高空点不着火；两级导弹更长更细，运载火箭弹性振动频率低和液体推进剂容易晃动。

这些难题，就像大家生活中遇到的困难一样，试图阻止我们前进的脚步。但中国的航天科学家是不会那么容易就认输的。他们用知识作为武器，潜心钻研、刻苦攻关，一块又一块地“啃下”硬骨头，一次又一次消灭“拦路虎”，一路披荆斩棘、降妖伏魔，终于突破了多项关键技术。发动机高空点火和高空性能试验技术、级间连接和高空热分离技术、长细比加大后以及一二级分离时的姿态控制技术、提高陀螺仪精度的静压气浮技术等关卡逐一被打通，胜利在向我们招手。

任何困难都无法阻止中国人前进的脚步。1970 年 1 月 30 日，中远程导弹在酒泉发射基地顺利点火升空，一二级分离后，第二级飞过预定航区，试验达到了预期目标，它成功实现了导弹从单级到多级的跨越，我国终于攻克了多级导弹的关键技术难题。

不畏浮云遮望眼！中远程导弹的研制历经艰辛与磨难，却也数次柳暗花明又一村。中远程导弹的研制历程再一次告诉我们，认准目标，坚守初心，不放弃不气馁，不动摇不停步，一边继承一边创新，才能走出遮住双眼的浮云，走向更高更远的成功。

23 而今迈步长征路

1964 年 6 月，中国自行设计的第一枚中近程导弹发射成功。同年 10 月，中国第一颗原子弹成功爆炸。随着导弹技术的不断成熟，中国的科学家们纷纷提出了研制卫星的想法。时任国防部五院副院长的钱学森于 1965 年 1 月向国防科委提出“制定我国人造卫星研究计划”书面报告，认为我国的弹道导弹现在已有基础，两级液体燃料火箭进一步发展，就能发射 100 公斤左右质量的卫星。发展人造卫星的工作是复杂艰巨的，必须及早开展有关的研制工作[1]。

该意见得到了中央的高度重视，聂荣臻元帅看到钱学森写的报告，立即指示国防科委：我国导弹必须有步骤地向远程、洲际和发射人造卫星发展，并指示张爱萍邀请钱学森、张劲夫及有关部门座

1 《中国航天事业发展的哲学思想》编委会 . 中国航天事业发展的哲学思想（第二版）[M]. 北京：北京大学出版社，2016.

谈，只要有力量、有可能就要积极去搞[1]。步骤上先把中程导弹搞出来，作为运载工具。遵照聂帅的指示，国防科委向中央专门委员会上报了《关于开展人造卫星研制工作的报告》，受到了以周恩来总理为主任的中央专门委员会的重视，1965 年 5 月，委员会批准了这个报告。中国开始按照“由简到繁、由易到难、由低级到高级、循序前进、逐步发展”的方针，发射自己的第一颗人造卫星。

大家都知道，人要想上天，一般都得坐飞机。可卫星要穿过大气层进入太空，飞机就不够用，飞机一般在 7~12 千米的高度飞行，而卫星要去的轨道却高达几百千米，这可不是件容易的事情！想要把卫星送上天，就得由航天人专门制造一个“飞天运输器”，也就是在导弹的基础上，研制适合发射航天器的运载火箭。

要说这“导弹”和“火箭”，可以算是师出同门的两兄弟。它们都属于空间飞行器。不同的是，导弹是安装了控制系统以确保命中精度的武器，弹体上安装战斗部，内装强力炸药，在“大脑”——制导系统的指挥下飞向预定目标并将之摧毁。第二次世界大战期间，德国为了扭转战争局面，研制出 V-1 型导弹，先后向英国发射了 1 万多枚，重创英军。导弹一般应用于战争，所以要求反应快、机动性强，发射流程越简单越好。

而火箭一般用于外层空间远距离的运输，是人类对太空进行环境和资源探索的工具，不仅可以帮助我们开拓比地球大得多的新疆

1　启航——我国第一枚运载火箭长征一号研制纪实 [M]. 北京：中国运载火箭技术研究院，2016.

域，还可以将人类现代文明信息送往宇宙之中。运载火箭的有效载荷主要是卫星、飞船、探测器等非武器性航天器，这意味着对推力、安全性有更加严格的要求。

很多运载火箭都是以导弹为技术基础研制出来的，如苏联发射世界上第一颗人造卫星的运载火箭，就是用 P-7 洲际战略导弹改制而来的。中国在研制发射人造卫星的运载火箭时，也采用了这种思路。

其实，早在 20 世纪 60 年代中期，中国的火箭就能飞出稠密的大气层了，但想要达到 7.9 千米 / 秒的第一宇宙速度，实现卫星进入预定轨道，就必须研制多级大推力火箭，每级各飞一程，逐级加速，最终使火箭末级上的卫星达到宇宙速度，进入预定轨道。

于是，国家决定在两级液体燃料火箭的基础上研制三级大推力运载火箭，一院作为总体单位抓总负责。这枚火箭分为三级，一、二级采用了液体燃料发动机，它的优点是推力大、成本低，而三级则采用固体燃料发动机，体积小、更稳定，操控方便。就这样，这枚火箭综合使用了两种发动机技术并结合了导弹试验以及原子弹爆炸试验的技术成果后终于研发而成。这样的设计可以利用导弹成熟的发动机和控制技术，在运载能力满足要求的同时，大大降低技术风险，而且可以使用导弹发射场的测控设备进行跟踪监测，从而节省研制经费，满足发射的进度要求。

火箭不仅要最终实现成功发射，研制过程中还要系统考虑经费、进度、质量之间的平衡，就是要满足技术上合理、经济上合算、研制周期短、整个系统能够协调运转几大要求。这也就是钱学森提出的“用系统工程的方法解决航天型号研制的问题”。

设计之初，大家都在想给运载火箭起个什么名字。研制人员一下想到了长征的故事，红军战士为实现革命目标，战胜一切困难、不惧任何艰难险阻的顽强斗志和勇往直前、不怕牺牲的大无畏精神。于是我国的运载火箭就被命名为“长征”，这也寓意着我国运载火箭事业一定会像红军长征一样，克服艰难险阻，达到胜利彼岸。1966 年 5 月，中国第一枚运载火箭正式被命名为“长征一号”。

“长征一号”运载火箭拉开了中国运载火箭的研制序幕。以此为起点，天地之间的通天路径被打通，中国人有了自己克服地球引力、进入空间的“神器”。经过 60 余年的发展，“长征”系列运载火箭经历了从串联到并联、从一箭单星到一箭多星、从载物到载人的技术跨越，具备了发射低中高不同地球轨道卫星、不同类型卫星以及发射载人飞船和深空探测器的能力。正所谓，火箭的运载能力有多大，航天的舞台就有多大。运载火箭为中国航天技术提供了广阔的舞台，我们耳熟能详的“载人航天工程”“北斗导航工程”“探月工程”“火星探测工程”接连登台、大放异彩。

中国航天技术的发展越来越快，长征家族成员也越来越多，它们时刻准备着，为祖国为人民，一声召唤，一飞冲天！

工作中的钱学森

长征一号运载火箭在酒泉卫星发射中心

24
勇闯四关入苍穹

卫星是人类航天技术发展成熟的产物，它们像“月亮”一样环绕地球飞行，是人类探索宇宙、翱翔太空的重要工具。是否有能力发射人造卫星，成为衡量一个国家综合实力的重要标志。

要说这卫星能做什么，它可是与我们的生活息息相关，在很多领域成为我们的“千里眼”“顺风耳”。举几个例子：

周五的球赛会不会因为下雨而取消？气象卫星会通过天气预报早早地告诉你到时是个大晴天，球赛不会改期。

晚上全家一起看电视，通信广播卫星可以把全世界的几百种节目传送到你家，按按遥控器，就可以随心所欲“看世界”。

周末开车去郊游，哪条路更好走呢？导航卫星可以为你迅速规划一条车少不堵、红绿灯还少的最佳路线。

此外，还有科学卫星、测地卫星、预警卫星、侦察卫星、资源卫星等，它们都在为人类的活动提供着各种便利。

“斯普特尼克”全尺寸模型

人类第一颗人造地球卫星是1957年由苏联的天才科学家科罗廖夫发明的，这颗卫星被命名为“斯普特尼克”，外形像个大铁球，重83.6公斤，它在太空中飞行了92天，第一次实现了人类走出地球摇篮、走进太空的梦想。之后不久，美国用“丘比特”火箭也发射了它的第一颗卫星——“探险者1号”。此颗卫星重量只有13公斤，绕地球一圈大约需要115分钟。

有了这两个国家打前锋，其他的国家也不遗余力，纷纷踏入进军宇宙、角逐太空的竞争行列。勤劳智慧的中国人自然也不甘落后，我们也要搞人造卫星！

当时的总体方案对咱们这第一颗人造地球卫星提出了4点要求，那就是要“上得去”“抓得住”“听得着”“看得见”。这就要求长征一号火箭和“东方红一号”卫星这对好兄弟得有些过硬的真功夫才行。

上一个故事我们介绍了“上得去”问题的解决办法。但是，卫星打上去之后还要“抓得住”，就像风筝不能断了线一样，得听地面人员的话。为此，长征一号运载火箭上特别安装了3套飞行测量系统和2套安全自毁系统。这样，地面测控人员就能随时接收飞行中各系统工作的信息和火箭运行参数。而如果飞行中发生意外，火箭也可以根据地面指令或箭上指令在空中自毁，以保证航区人民生命财产的安全。

“东方红一号”卫星的质量达173公斤，直径仅有1米。想要实现“看得见”的目标，科学家们独辟蹊径，用了很多创新的方法。

“东方红一号”卫星

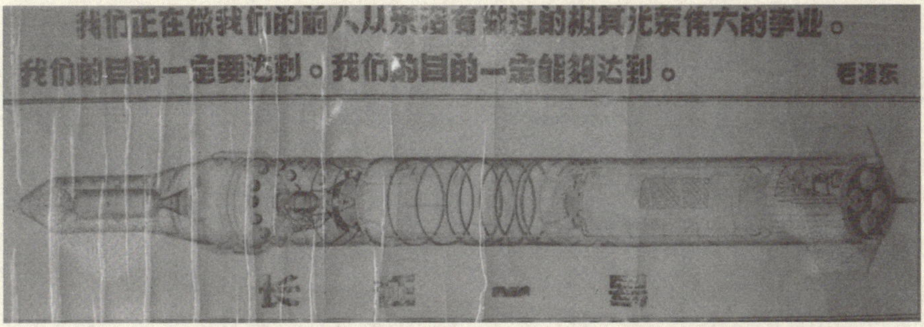

1970 年 4 月，在人民大会堂向周恩来总理汇报用图

运载火箭原本要向正东（偏北 10°）方向发射，以利用地球自转提高火箭的运载能力，这样卫星的轨道面倾角只有 42°，欧洲和北美许多国家和地区都看不见。后来决定改变射向，发射倾角改为 70°，火箭的运载能力略有减少，但全球有人居住的地方几乎都能看到我国的第一颗人造卫星。沿着这条航道，运载火箭第一级坠落在甘肃，第二级坠入中国南海，第三级则在广西西北部上空把卫星加速到第一宇宙速度，之后同卫星一起进入轨道。此外，设计人员还给三级火箭穿上了一件特制的“观测裙”，利用反光的原理，火箭变得更亮，人们就更容易看见它了。

后来，卫星的设计师们也通过制作特殊的音响盒攻克了“听得着”这一难题，《东方红》的乐曲终于可以顺利播放了。参加任务的各个研制单位心往一块想、劲往一块使，最终很多棘手的技术难题被一一攻克。

可是，由于年代的特殊性，运载火箭的研制工作还是受到了一定的影响。党和国家高度重视该项工作，在“文化大革命”的艰难情况下，采取一切措施，保证研制一路“绿灯”[1]。1969 年，经过各系统的努力，运载火箭的零组部件从四面八方汇集到总装厂，准备进行 4 次全推力状态下的试车。但是因为外部环境的干扰，试车迟迟不能进行。这件事传到日理万机、时刻关心航天事业的周恩来总理那里，他立即出面，亲自协调，解决和落实地面试车问题。他

1 《中国航天事业的 60 年》编委会 . 中国航天事业的 60 年 [M]. 北京：北京大学出版社，2016.

指出："火箭试车，是关系到国家荣誉的大事，任何人不得干扰，两派群众组织要团结起来，一定要在近期完成试车任务。"最终4次试车在5个月内全部顺利完成。为明确人员责任，确保产品质量，周恩来总理又特别指示，把直接参加设计、生产、试验的29个单位的3456名工作人员逐一登记造册，报送总理办公室存查，要求所有参加这一工作的科技人员，都要服从指挥，坚守工作岗位。同时，为了不使科研生产发生"卡壳"现象，中央还为长征一号运载火箭的关键、短线项目，开具了特别公函，持有这种"特别通行证"，不管到哪里去，都能畅通无阻，有力地保证了研制工作的顺利进行。

一路走来，运载火箭和卫星的研制工作充满艰险和挑战。科学的探索之路没有坦途，中国的航天事业更是艰辛坎坷。但科技人员们从没想过要放弃，反而是直面挑战，不断用智慧和创新战胜困难、攻克难关。在我们日常工作中也会困难重重，想想长征一号火箭和"东方红一号"卫星勇闯"四关"的故事，鼓足干劲，迎难而上，一定也会解决工作上的难题。

25
寰宇响彻东方红

枝头红彤彤的柿子、树梢金黄色的秋叶和墙根下暖洋洋的阳光，将整个秋天涂成收获的颜色。

而我国第一颗人造卫星的研制工作也进入了收获的季节。

1970 年 1 月 30 日，重 81.5 吨、高 29.86 米的长征一号运载火箭在酒泉发射基地进行了飞行试验。火箭点火升空后，两级分离正常，高空点火顺利，第二级火箭飞过目标航区，试验达到了预定目的，多级火箭的技术终于被突破了！这说明火箭的设计方案没问题，系统之间也是协调的，大家心里对发射“东方红一号”卫星上天的任务有了底！几天后，火箭到达酒泉发射基地，发射我国第一颗人造地球卫星的工作准备就绪。

最重要的时刻就要来了！

1970 年 4 月 24 日 21 时 35 分，酒泉发射基地的夜晚寂静无声，只有苍穹下的星星在争相眨着眼睛，仿佛在召唤地面上的火箭和卫

长征一号第三级火箭模样弹（含卫星）

长征一号运载火箭竖立在发射塔架

星快去参加它们的聚会。发射中心的技术人员各就各位、严阵以待。随着倒计时的计数声结束，点火按钮被按下，搭载着“东方红一号”卫星的“长征一号”运载火箭在震耳欲聋的隆隆声中喷发着烈焰腾空而起，直冲云霄。

各地面跟踪测量台站不时报告“捕获目标”“跟踪良好”“飞行正常”“星箭分离”“卫星入轨”“工作正常”等信号。长征一号运载火箭首次发射，一举成功！卫星按设计要求准确进入近地高度439千米、远地高度2384千米、倾角为68.5°的轨道飞行。现场所有的参验参试人员顿时沸腾起来，尽情地欢呼、跳跃，热泪盈眶……

新华社向世界播发了一份电文：“一九七〇年四月二十四日，我国成功地发射了第一颗人造地球卫星。……绕地球一周一百一十四分钟。卫星重一百七十三公斤。用二〇．〇〇九兆周的频率，播送《东方红》乐曲……”

消息一经发布，举国欢庆！北京灯火通明，锣鼓喧天，彩旗招展，鞭炮齐鸣，到处喜气洋洋。当时的各国通讯社驻华记者在第一时间，以最快速度向本国报道了这一新闻，世界各国纷纷惊呼中国航天技术发展神速，令人惊异。

十余年的急智攻关，8亿中国人的翘首期盼，5000年的飞天梦想在这一刻终于实现！中国成为继苏、美、法、日之后第五个把卫星发送上天的国家。长征一号运载火箭的研制成功，揭开了中国航天活动的序幕。“东方红一号”卫星的准确运载入轨，标志着中

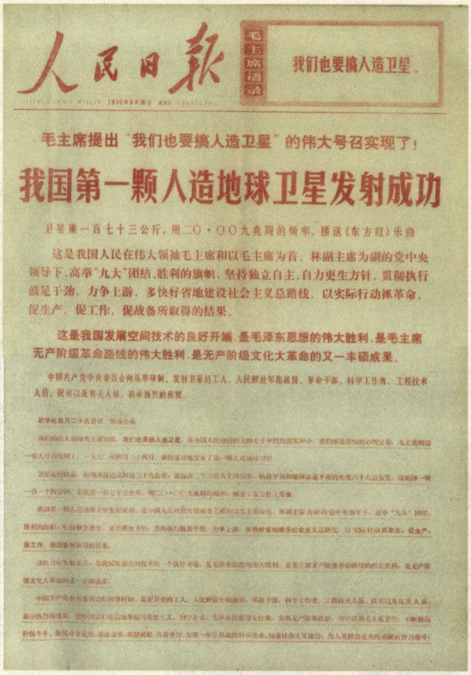

人民日报

毛主席语录

我们也要搞人造卫星。

毛主席提出"我们也要搞人造卫星"的伟大号召实现了！

我国第一颗人造地球卫星发射成功

卫星重一百七十三公斤，用二〇·〇〇九兆周的频率，播送《东方红》乐曲

这是我国人民在伟大领袖毛主席和以毛主席为首、林副主席为副的党中央领导下，高举"九大"团结、胜利的旗帜，坚持独立自主、自力更生方针，贯彻执行鼓足干劲、力争上游、多快好省地建设社会主义总路线，以实际行动抓革命，促生产，促工作，促战备所取得的结果。

这是我国发展空间技术的良好开端，是毛泽东思想的伟大胜利，是毛主席无产阶级革命路线的伟大胜利，是无产阶级文化大革命的又一丰硕成果。

中国共产党中央委员会向从事研制、发射卫星的工人、人民解放军指战员、革命干部、科学工作者、工程技术人员、民兵以及有关人员，表示热烈的祝贺。

《人民日报》报道我国第一颗人造地球卫星发射成功

群众收听广播中播放的《东方红》乐曲

社会各界热烈庆祝我国第一颗人造地球卫星发射成功

国从此进入了空间时代[1]。

这种喜悦之情，想必大家也能感同身受。这就好比我们在学习工作的过程中，经常会遇到一些没有弄懂的知识点或者没有思路的研究课题。但是大家都不会被困难吓倒，止步不前，而是迎难而上，奋起直追。通过努力，通过科学的方法和不懈的坚持，克服重重困难，终于攻克了各个学科的若干难点，掌握了此前没有掌握的知识和方法！

作为“两弹一星”工程的重要组成部分，“东方红一号”卫星的成功发射，拉开了中华民族探索宇宙奥秘、和平利用太空、造福人类的序幕。长征一号运载火箭作为我国发射第一颗人造地球卫星的运载工具而被光荣地载入史册。自此之后，中国航天事业一路高歌，在创造了“两弹一星”的壮举后，又一步步实现了载人航天、月球探测、火星探测、北斗导航等具有重要里程碑意义的伟大成就，如今，“天宫”太空安家、“嫦娥”月球漫步，“北斗”组网成功，“天和”“天问”和“羲和”也相继飞往天空遨游，蓝色星球熠熠生辉，中国航天不断创造新的历史[2]。

锲而舍之，朽木不折。锲而不舍，金石可镂。中国的航天事业蓬勃发展，不断刷新着太空探索的新高度！

2016 年，中国正式将 4 月 24 日这一天设立为“中国航天日”。

2021 年 4 月 24 日，在第五个“中国航天日”和“东方红一号”

1 《中国航天事业发展的哲学思想》编委会 . 中国航天事业发展的哲学思想（第二版）[M]. 北京：北京大学出版社，2016.

2 习近平总书记给中国航天科技集团公司空间站建造青年团队的回信 [Z]. 北京，2022-05-02.

奖状

0002804

为表扬在我国科学技术工作中作出重大贡献者，特颁发此奖状，以资鼓励。

受奖者：第七机械工业部一院一部

完成的成果：1. 东风二号甲地地导弹总体设计

2. 东风三号地地导弹总体设计

3. 长征一号卫星运载器总体设计

4. 长征二号卫星运载器总体设计

5. 两级热分离技术方案（十室）

全国科学大会

一九七八年

长征一号火箭 2 个专项获奖

卫星成功发射51周年到来之际，习近平总书记给参与“东方红一号”任务的老科学家回信，向他们致以诚挚的问候，并就弘扬“两弹一星”精神、加快航天强国建设向广大航天工作者提出殷切期望。

在信中，他这样说：

作为“东方红一号”任务的参与者，你们青春年华投身祖国航天事业，耄耋之年仍心系祖国航天未来，让我深受感动。

当年，你们发愤图强、埋头苦干，创造了令全国各族人民自豪的非凡成就，彰显了中华民族自强不息的伟大精神。老一代航天人的功勋已经牢牢铭刻在新中国史册上。不管条件如何变化，自力更生、艰苦奋斗的志气不能丢。新时代的航天工作者要以老一代航天人为榜样，大力弘扬“两弹一星”精神，敢于战胜一切艰难险阻，勇于攀登航天科技高峰，让中国人探索太空的脚步迈得更稳更远，早日实现建设航天强国的伟大梦想。

是的，探索浩瀚太空永无止境，攀登科技高峰任重道远。2022年10月16日，中国共产党第二十次全国代表大会在北京胜利召开，习近平总书记在报告中特别指出：“一些关键核心技术实现突破，载人航天、探月探火……等取得重大成果，进入创新型国家行列”，“推进新型工业化，加快建设制造强国、质量强国、航天强国……[1]”航天强国建设后续任务艰巨繁重，面临的困难和考验严峻复杂，还需要一代又一代的航天人薪火相传、接续奋斗，为建设航天强国贡献力量，为全面建设社会主义现代化国家、全面推进中华民族伟大复兴作出航天人应有的贡献。

1　习近平总书记在中国共产党第二十次全国代表大会上的报告 [Z]. 北京，2022.

一部航天史，就是一部航天事业跨越发展、勇创佳绩的历史。

航天使命，家国情怀。在运载火箭的研制中，没有平坦的大路，没有科学的捷径，只有披荆斩棘地勇闯难关，只有呕心沥血地探索与创新。

长征二号运载火箭及长征二号 E 运载火箭的诞生，倾注了研制人员无数的心血。每一次从失利中崛起，每一次技术难关的跨越，每一次航天技术的整体超越，每一次成功的背后，都是研试人员永攀高峰品格的真实写照。长征二号运载火箭成功发射我国第一颗返回式卫星，使我国成为第三个掌握卫星返回技术的国家。长征二号 E 运载火箭是我国为适应国际卫星发射服务市场需要，仅用 18 个月就研制成功的第一个大型捆绑式近地轨道运载火箭，创造了世界火箭研制的奇迹。

06 第六单元

第六单元　跨　越

——长征二号运载火箭的故事

26 大脑聪明能力强

火箭问天，承载梦想。

当中国踏上了研制运载火箭的漫漫长路之后，在长征一号运载火箭的技术日趋完善的时候，一个崭新的型号开始走上历史的舞台——长征二号运载火箭。

这是当时我国自主研制的第一枚二级大型液体低轨道运载火箭。它的出现不仅使我国成为世界上继美国和苏联之后第三个掌握航天返回技术和航天遥感技术的国家，而且对加强我国国防力量，发展我国的国民经济均具有重大意义。

这枚运载火箭的研制背景，最早可从 1965 年说起。

1965 年 8 月，国家原则上批准了我国人造卫星的发展规划和工作目标。根据这个目标，卫星需要“搭乘”能够深入宇宙的运载火箭。使命召唤，重任在肩。这次会议之后，一院就开始进行大型低轨道运载火箭研制的方案论证和设计工作，这就是长征二号运载火箭的雏形。

火箭要想飞得远、推力足，作为火箭“心脏”的发动机选型尤为重要。在方案设计初期，一院对二级发动机的选型有两种方案——第一种方案是以真空推力73吨的一级发动机直接作为二级发动机，这种方案的优点是研制周期短、节省经费。第二种方案是新研制一种推力55吨的大喷管高空发动机，这种方案中，发动机比较先进，更适合于发射卫星的需要。为了能尽快研制出新型大运载能力的运载火箭，结合当时的国情，经过上上下下的商讨，一致决定采用第一种方案。

另一个工作重点则是提高火箭的运载能力。由于长征二号运载火箭搭载的卫星比“东方红一号”卫星的质量大得多，这就要求长征二号运载火箭在有限的资源和条件下，尽可能地提升运载能力。这就需要设计人员从多个角度入手，寻找突破口，为此，设计人员开展了大量的测算工作。

精诚所至，金石为开。

经过大量的测算，设计人员终于从枯燥无味的数据中发现了规律，即火箭第一级每减轻1千克，能增加0.1千克的运载能力；而火箭第二级每减轻1千克，就可以增加火箭1千克的运载能力。一级和二级减重的效果相差10倍。

看来，火箭要想推力大，自身减重是关键。

为了给这个大火箭“瘦身”，设计人员绞尽脑汁，没少想办法，例如：选择较低的外界条件来设计载荷、降低风场的概率取值、贮箱底用铝铜合金代替铝镁合金，甚至连精雕细刻这种微乎其微的细节改动都不放过。

最终，在大家集智攻关的努力下，长征二号运载火箭第一级减重了 400 千克，第二级减重了 300 千克，而火箭的运载能力则提高 300 多千克——“减重”成果十分显著！

没有满足于已取得的成绩，一院人继续深入研究，力争进一步提高运载能力。

设计人员发现，合理选择火箭各级发动机的工作程序也是提高运载能力的一条技术途径。通过深入分析和反复计算，设计人员重新设计了长征二号运载火箭发动机的工作方案，即当长征二号运载火箭二级飞行时，先让主机与游动发动机同时工作，随后关闭主机，让游动发动机继续独立工作，直到入轨。通过认真设计，新的发射工作程序简洁清晰，同时为火箭增加了 500 千克的运载能力。

在各个系统的共同努力下，新研制的长征二号运载火箭运载能力高达 1.8 吨，是长征一号运载火箭的 6 倍，满足了新型号卫星发射的需求。

同时，长征二号运载火箭还是当时“最聪明”的火箭。

如果说，制导系统相当于运载火箭的“头部”，那么制导平台就相当于“大脑”，控制着火箭的飞行路线和轨道。长征二号运载火箭的“聪明”体现在两个方面：一是我国自主创新研究出的先进制导方案；二是采用了计算机方案的制导系统平台。

20 世纪 60 年代，我国的计算机技术比较落后，在确定火箭制

长征二号运载火箭

导方案的过程中，几个关键方程式的推导成为型号研制的“拦路虎”。“明知山有虎，偏向虎山行。”在技术攻关的艰难时刻，设计人员肩负重任，带头成立攻关组负重前行，誓要完成关键方程式的推导。

经过夜以继日的理论研究和反复计算，设计人员最终推导出了关键工时，完成了长征二号火箭的制导方案——这是我国自主创新、独立完成的科研成果，比当时国外的常用制导方案更为先进，并且直接解决了运载火箭研制之初制导计算机组件多、可靠性差的问题。

总体而言，长征二号是我国首次采用计算机方案制导平台的运载火箭。其制导平台采用了当时最先进的第三代计算机。这种计算机体积小、功耗小、重量轻，在提供强大计算能力的同时，大大简化了箭上计算机结构，从而提高了制导系统的可靠性，使运载火箭准确飞入浩瀚太空，且永不迷路。

拥有一颗聪明的“脑袋”，身材“苗条”消瘦，能力突出——长征二号运载火箭一经诞生，就成为大家关注的焦点。

而这枚火箭的点滴进步，都包含了科研人员的付出和心血。

1973 年 11 月 9 日，长征二号运载火箭被正式命名。1974 年 11 月 5 日，历经 8 年倾心研制，长征二号运载火箭终于矗立在“大风起兮云飞扬”的酒泉发射基地，准备进行首次发射。

中国酒泉卫星发射中心旧址

27 跨越寒冬迎春来

春来冰未泮，冬至雪初晴。

中国有句古语叫“秋收冬藏”，我们的先人认为，冬天是收纳休养、养精蓄锐的季节。正所谓“冬天来了，春天还会远吗？”，正是有了严冬时节的积蓄沉淀，才有来年春天的勃勃生机。

而长征二号运载火箭在研制过程中也经历过难忘的寒冬。

1974 年 11 月 5 日，长征二号运载火箭矗立在酒泉卫星发射基地，准备进行首次发射任务。这一日，航天人也都翘首企盼着收到长征二号的首飞捷报。

然而，出乎意料的事情发生了——长征二号运载火箭在起飞后不久就失去了稳定姿态，火箭俯仰姿态角发生了较大偏差，最终触发了火箭自毁系统，星箭俱毁。长征二号运载火箭首飞以失败告终。

此次失败对航天人来说，是个不小的打击！

长征二号运载火箭是各个岗位上的航天人一起历经数千个日

长征二号运载火箭

长征二号运载火箭
获国家金质奖

夜，经历了数不清的攻关鏖战，才研制而成的“心血之作”。型号研制人员更是将自己对工作、对事业，以及对祖国的美好期望都寄托在了这枚运载火箭上。然而，长征二号运载火箭首飞失利了，火箭的残骸散落在发射场的四周……

为山九仞，功亏一篑。

这一幕令航天人深感惋惜、痛彻心扉！火箭发射现场的气氛跌入冰点，长征二号运载火箭研制工作进入了“寒冬”。此时，上级立即做出明确指示：“失败是成功之母，不要颓丧，要继续奋斗，再接再厉，一定要达到目的为止。”

这条指示，在关键时刻鼓舞了型号研制队伍的士气，指明了航天人继续前进的道路。广大科研人员也化悲愤为力量，决心从失败中吸取教训，认真分析失败原因，并举一反三。

1974年11月到1975年10月，针对长征二号运载火箭首飞失利，一院人从技术到管理的多个层面开展了全面而彻底的整改工作。

首先，一院人以最快速度确定了长征二号运载火箭首飞失利的直接原因，即火箭控制系统中一根有暗伤的电缆在火箭飞行过程中开路。其次，为全面规避风险，确保下一次任务万无一失，科研人员举一反三，总结出电路可靠性差、摆动发动机测试抖动、型号测试项目不实用等多个方面的不足。最后，针对以上种种不足，进行了全面的加强与改进。

地面试验是检验设计和工艺质量的重要手段。长征二号运载火箭在归零整改阶段，就重新进行了5次地面试验和两次全面的质量复查。一院人牢记，无论是单个仪器或部件、一个系统或是整个火箭，都应在地面做充分的试验，以便及时发现问题，改进产品质量。在地面解决的问题越多，火箭的可靠性就越高。为此，可以进行多次的地面试验，有些重点参数可以反复测试，直到检验产品不再出现问题。

在长征二号运载火箭进行激振垂直测试时，科研人员又通过试验发现了新问题——当火箭竖立在发动台上时系统会出现大回路抖动的情况，这种抖动如不加以制止，任其发展，就会进一步引发更加激烈的横向回路抖动。长征二号运载火箭首飞之时，固然开路的电缆自身存在质量问题，但如此剧烈的抖动无疑也是一项重大的风险。针对此次试验中暴露出的抖动问题，科研人员有的放矢，积极展开技术攻关，最终通过在滚动通道中放入零位低灵敏度速率陀螺的方法，成功有效地抑制了抖动。

除此之外，长征二号运载火箭还通过采取“双点双线”方案提高电路可靠性、加强生产过程中的质量控制等措施，力求改进后的运载火箭能够最大限度地“尽善尽美”。

正所谓“吃一堑，长一智”。经过了首飞失利的洗礼，韬光养晦的长征二号运载火箭做足了准备，只期待着再次出征，赢回荣耀。

从哪里摔倒，就从哪里爬起。

1975 年 11 月 26 日，崭新的长征二号第二发运载火箭再次昂然矗立在酒泉卫星发射基地。倒计时归零，随着指挥员“点火”命令的下达，长征二号运载火箭喷出烈焰，稳健起飞。发射场中的航天人目不转睛地盯着屏幕，注视着火箭发射中每一项数据的变化。这次长征二号运载火箭终于不负众望成功起飞，火箭气势如虹地划破苍穹，一鼓作气将我国第一颗返回式卫星成功送入预定轨道。

“成功了！成功了！”大家拥抱在一起，欢呼雀跃，庆祝这来之不易的胜利。这胜利是对长征二号运载火箭研制队伍历经一年卧薪尝胆的证明，是型号研制跨越寒冬、迎来春天的伟大转折。

大寒之后，必有阳春。

此次长征二号运载火箭发射成功，彻底驱散了首飞失利的阴霾，翻开了我国运载火箭发展的新篇章，也成为长征二号系列运载火箭家族发展壮大的契机。

我国的航天型号研制工作可谓硕果累累、成就瞩目。虽然在型号研制过程当中经常面临着种种难题，但航天人在每次遇到失败和挫折时都会毫不犹豫地选择迎难而上。然而，在困难面前光有从头再来的决心是不够的，关键在于是否能够正确、全面且深刻地剖析问题，是否能够及时、有效且得当地解决问题。只有正确地认识和妥当地解决问题，才能真正克服困难、继续向前。

1987 年，经航天工业部审定委员会推荐、国家质量奖审定委员会审定批准，长征二号运载火箭以非凡的成就得到了国家的认可，获得了国家优质产品奖的国家金质奖。

不负使命，蓄势待发，在运载火箭的研制道路上，航天人要勇毅前行，再攀高峰！

28 横空出世担重任

泉眼无声惜细流，树阴照水爱晴柔。小荷才露尖尖角，早有蜻蜓立上头。

在长征二号运载火箭技术趋于成熟之际，结合实际需要，新型号火箭开始在航天历史上崭露头角。随着技术的登攀，随着中国航天科技的迅速发展，我国自主研制的第一枚大型二级捆绑式液体运载火箭——长征二号 E 运载火箭，这个具有划时代意义的火箭开始登上历史的舞台。

长征二号 E 运载火箭的研制最早可追溯到 1986 年，当时正处于国企改革的历史背景之下。

1984 年，改革开放的步伐进一步加快，国企改革的浪潮到来了。当时一院积极响应国家市场化转型的号召开始改革，同时也开始直面划拨经费锐减和转型发展的两大现实境遇。一院走上了“自力更生，艰苦奋斗”的发展道路，开始积极寻找市场，自给自足。

1986年，当时我国国内的卫星发射需求并不充足，一院就将目光放到了国际市场上。然而在当时，一方面，欧美已经垄断了国际商业卫星的发射服务市场；另一方面，适用我国主力火箭——长征二号运载火箭和长征三号运载火箭、质量1300千克以下的小型卫星发射需求可谓寥寥无几，当时全球只有7个订单，且基本已签完了发射合同。因此要想打开国际发射服务市场，中国必须研制出新一代的大推力运载火箭。

正所谓机遇与挑战并存。还是在1986年这个年度，国际宇航发射接连出现重大事故，这一年也成为航天发射史上的至暗时刻。然而，一院却敏锐地察觉到，这是中国能够进入世界发射市场的绝佳机会。

而光有机遇，并不一定会成功，机遇自然是留给有准备的人。当时的一院早已萌生出研制大型捆绑式火箭的设想。首先，早在20世纪60年代初，一院著名火箭专家屠守锷就提出研制捆绑式火箭的提议，只是因新中国成立初期条件有限，未能继续就此展开研究。而1986年正是我国启动捆绑式火箭研制的最佳时期。一院总体部迅速指派几名设计师完成了相关设计草图，首次绘制出了3张带有4个推进器的、大型捆绑式火箭原理样图——这就是长征二号E运载火箭的雏形。

长征二号E运载火箭的方案设计工作是于1987年1月正式批准的。然而，早在1986年长征二号E运载火箭“草图”诞生之时，中国人就已开始拿着这3张草图四处“游说”，并在国际发射市场上和外国人展开了一场场名副其实的“纸上谈兵”。中国以航天部所属对外贸易公司——中国长城公司的名义向世界发射服务市场进军。此举可谓一石激起千层浪。

手拿草图闯天下，豪情在心为航天。

作为一款大型火箭，长征二号 E 运载火箭全长 49.69 米，起飞质量达到 460 吨，是当时我国体型最大、质量最重的运载火箭，可谓名副其实的“大国重器”。

长征二号 E 运载火箭自下至上分别由一子级、二子级和整流罩三部分组成。由于长征二号 E 运载火箭是在长征二号丙基础上进行设计的，因此它是一款带有 4 个助推器的新型捆绑式大推力火箭。它的起飞质量大，运载能力强，十分适用于近地轨道的发射任务。长征二号 E 运载火箭配合上面级后，也可执行中高低轨道、地球同步转移轨道等发射任务。

在复杂的国际环境中，美国的休斯公司对“长征火箭”表现出极大兴趣。当时的休斯公司一方面在向国际市场宣传他们新研制的休斯 601 卫星，另一方面也在为这枚需要大推力火箭发射的卫星进行公开招标。然而，感兴趣归感兴趣，拿下这一单发射合同也并非易事。第一次中国代表团去与美方商谈，对方十分傲慢，谈判进行得也十分艰难。然而中方没有放弃，并向美方发送了一份正式且规范的长征二号 E 运载火箭发射卫星的建议书。这一次，休斯公司很快就寄来了邀请函，希望能与中方马上开始合同谈判。

1987 年 9 月，澳大利亚需要购买两颗第二代通信卫星并召开了国际招标会，中国长城公司以发射服务分包商资格与休斯公司组合参加投标，并最终在多个强劲竞争对手中脱颖而出。1988 年 1 月，

长征二号 E 运载火箭

休斯公司中标。在又经历了一些波折之后，1988 年 11 月 1 日，中国长城公司和美国休斯公司在洛杉矶正式签订了发射服务合同——还在“襁褓”中的长征二号 E 运载火箭已经肩负起将两颗大质量澳星送入太空指定轨道的使命。在经历了举步维艰的努力之后，中国终于在国际市场上拿下了这一笔来之不易的“订单”。

订单到手并非结束，更加艰巨的火箭研制工作才刚刚开始。发射合同虽然签订了，但美方的合同要求即使在今天看来也十分苛刻：不预先支付经费、不提供有关卫星技术情况、火箭必须在澳星发射前一年（1990 年 6 月 30 日前）进行一次正常飞行试验。如果发射失败，或无正当理由推迟发射，美方有权中止合同，并向中方索赔 100 万美元。但是，中国航天要走向世界就必须要有这种开拓精神和敢于冒险的精神。

后无退路，背水一战！

此时，改革后的一院已不可能再向国家索要拨款来进行火箭研制。面对来自国内外的条件限制，有骨气的一院干脆拿出破釜沉舟的气势，申请用贷款开展火箭的研制工作。1989 年 12 月 14 日，国务院召开办公会议，原则上同意用长征二号 E 运载火箭发射澳星，所需经费用贷款方式解决。并要求一院从 1989 年 1 月起，力争 18 个月内完成长征二号 E 运载火箭首次适应性发射。

这标志着，长征二号 E 运载火箭的研制工作正式拉开了序幕！

长征二号 E 运载火箭的诞生虽然历尽坎坷，且肩负重任，但它更是当时航天人自力更生、自强不息的历史见证，是勤劳智慧的中国航天人顺应时代变革、大胆创新发展的必然产物。

中美技术协调会

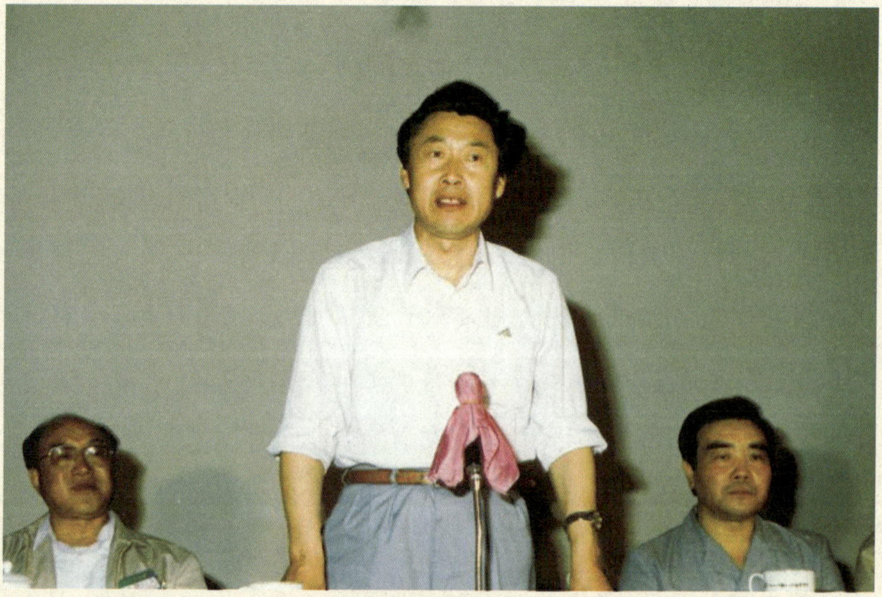

时任院长王永志在动员会上讲话

29
十八个月造火箭

长征二号 E 运载火箭的研制，演绎出中国航天历史上的著名时刻：速度与激情。

用别人三分之一甚至更少的时间研制出一枚大型运载火箭，这速度，世界独有。

抱着巨大的工作热忱，付出数以万计的加班工时，锻造出合格的运载火箭，这激情，如火如荼。

1988 年 9 月 28 日，在以往技术方案的基础上，一院最后确定了长征二号 E 运载火箭技术方案：火箭全长约 50 米。芯级用加长了的长征二号丙，一级加长 4.6 米，二级加长 5.2 米。芯级一级捆绑 4 个液体助推火箭，各个直径为 2.25 米，各装一台地面推力为 75 吨的发动机。卫星整流罩高 10.5 米，直径 4.2 米。采用无污染导爆索系统实施分离。

因系首枚大型两级捆绑式运载火箭，长征二号 E 运载火箭被一院人亲切地称为“长二捆”。

1988 年 10 月初，一院提出“全力以赴，首战必胜”的口号，要求各承制单位确保研制任务的完成。一院全体员工热情高涨，怀着雄心壮志，迅速动员起来，形成了强大的凝聚力。

心系“长二捆”，成功壮国威!

要在 18 个月内研制出长征二号 E 运载火箭，这不仅仅是一场硬仗，是对一院和各承制单位的一次严峻考验，也是对中国火箭技术的一次全面检阅。

一切为了“长二捆”，一切服从“长二捆”！

绝不让“长二捆”运载火箭的特别快车在自己的岗位上误点!抱着这种坚定的信念，一院各个部门、各个系统行动起来，在北京南苑掀起了一股科学研制的浪潮。

长征二号 E 运载火箭的研制有三大特点：时间紧、任务重、风险大。

时间紧是显而易见的。一般而言，运载火箭的研制周期至少也得 4 ~ 5 年。而从国务院正式批准立项到合同规定第一次试飞的时间，只有短短的 18 个月，这样的速度，不仅在中国运载火箭研制史上是从来没有过的，就是在世界运载火箭研制史上也未有所闻。

任务重是所有运载火箭研制部门都必须面对的困境。

设计部门要在 3 个月内完成正常情况下需要两年才能完成的全箭 24 套、44 万多张图纸设计、描绘任务。

生产部门要在 14 个月内完成正常情况下需要两年半才能完成

长征二号 E 运载火箭

的全箭七八千项生产加工和装配任务。

物资供应部门需要提供 7445 项材料和器件，其中 2000 多吨金属材料要在四五个月内备齐，1100 多项外购机电产品和 58 万件电子元器件也要在五六个月内备齐。

试验部门要在半年之内，完成仿真试验、综合匹配试验，助推火箭、星箭、整流罩三大分离试验以及全箭震动试验等大小地面试验 300 多项。

这些事情难度之大，是中国航天事业创建以来罕见的。

而风险大则是因为这次发射包含着政治、经济、技术三重风险。如果失败，中国的火箭事业将会因此而暗淡无光，国家的形象、民族的尊严都将受损；如果失败，3.45 亿元的贷款将难以偿还，利息的支付也将成为难题；如果失败，首次采用的捆绑技术以及由此而引起的一系列技术问题都将大大受挫，使得研制进程退回原点。

但中国航天人骨子里有一种品格——勇于拼搏。

但一院人的情怀中有一种持久的坚韧——迎难而上，何惧艰险！

刚刚进入 1987 年，在京郊南苑，一场攻克长征二号 E 运载火箭的战斗已经打响！

为了大幅度提高运载能力，长征二号 E 运载火箭采用了捆绑技术，这是提高运载能力最有效、最可行的方法。在芯级一级四周捆绑 4 个液体助推火箭，仅此一项，地面推力就增加了 300 吨。

为此，必须解决并联结构动力学、空气动力学、火箭动力学等理论问题和助推火箭的连接和分离等关键技术。设计人员提出了多种捆绑方案，并进行反复探讨，在微型计算机上解决了建立火箭结构动力学模型和分析计算。

在方案论证阶段，确定采用短粗的助推火箭，降低捆绑结构空间模态的复杂程度。在方案设计阶段，拟订结构总体方案总的技术方法，编制了软件，完成了数学建模。在初步设计阶段，对各部段静力试验提出测定相应刚度的要求，进行了小尺寸模型的实物试验。对于贮箱内液体晃动和弹性稳定方程，通过一系列“简化模型晃动”试验，积累了大量的试验数据。

这些带有理论性的问题一个个获得解决，为全面开展设计、生产、试验铺平了道路。

在运载火箭的控制系统方面，长征二号 E 运载火箭也进行了较大的改进。首先是模拟电路改为数字电路，增加了控制系统的适应性和实用性。其次是增加侧向机动功能，使火箭在飞行中改变轨道平面，满足用户的轨道倾角要求，对调整火箭箭体落区起到了重要作用。

研制直径 4.2 米的大型整流罩，挖掘原有发动机的潜力，提高比冲；增加芯级长度，采用推进剂利用系统，这些都可以提高火箭的运载能力。

与此同时，研制大型发射台，建造振动塔，抢建发射工位。一系列配套设备设施也逐步完善。

时间紧，那就实施并行工程，交叉作业，加强顶层统筹规划，

长征二号 E 运载火箭竖立在发射塔架上

自觉加班加点，绝不让工作在任何一个时刻被停滞或延缓。

任务重，那就强化系统管理，科学分解，落实到人，提高劳动效率，注重工作效益。

风险大，那就科学设计，运筹帷幄，有序推进，稳扎稳打。

辛勤耕耘，刻苦钻研，不知不觉间，冬去春来，万物复苏。

1988 年的春天，一院的所有员工是在有序的紧张忙碌中度过的。

而令人欣慰的是，随着时间的脚步悄然前行，长征二号 E 运载火箭的技术关键被一个接一个地攻克，研制工作顺利进行。

中国商业发射的春天，也渐渐走近……

30 科学管理有秘诀

管理既是一门科学，也是一门艺术。

在运载火箭这个复杂的巨系统的研制过程中，组织管理的重要性不言而喻——如何保持各种资源配置的最佳使用，如何取得最高的效率、最优的效益，都需要组织管理。

钱学森曾说过：“如果没有这一门组织管理的科学艺术，搞国防尖端技术，核导弹，卫星，这么复杂的工程体系，那么，我们的效率会是很低的。要提高效率，要组织得好，我们就一定要掌握这一门科学技术。”

而在长征二号 E 运载火箭的研制过程中，科学管理发挥了巨大的作用。

履行“纸上谈兵”得来的火箭合同，如约将火箭矗立到发射台上，才是真正的蜀道之难。

1988 年 9 月，澳大利亚卫星通信公司和美国休斯公司组成了

美国休斯公司专家在中国考察

一个联合代表团，来到位于中国秦岭腹地的火箭发动机研制基地，就地考察中国火箭基地的运作情况和状态。这些专家已经目睹过许多光鲜亮丽的研发大楼和各种规模的试制工厂，因此，当联合代表团的专家到达目的地，看到坐落在乱石遍布的山沟沟里的火箭基地时，非常震惊。

条件如此简陋，是他们的第一印象。

技艺却如此精湛，是他们的第二印象。

随着与工人师傅们的交谈，专家们发现，这些穿着朴素的工人师傅们技艺娴熟，专业水准很高，于是稍稍放下了不安的心。

但仍有个别外国专家深表怀疑："一年半的时间制造出一枚大型火箭，中国行吗？"甚至有的专家直接对长征二号E运载火箭总设计师说："这种火箭在美国研制都至少需要3年！你们中国人是不是吸了鸦片产生幻觉，说了胡话？"

无礼的话语让在场的人很尴尬。

中国的总设计师并没有情绪激动，而是冷静地回复了他五个字："我们等着瞧！"

用行动说话，用事实讲话，这就是中国航天人的回答！

不能只靠决心和狠干，要靠苦干加巧干。善于思考的一院人进行了一系列的头脑风暴，集中智慧，探索出一条艰难但有效的路径，掌握了三个高质量、高效率的"秘诀"。

秘诀的第一条就是：向管理要时间。火箭的研制工作千头万绪，必须按照研制程序开展工作；而解决研制周期紧的重要措施之一就是加强并优化管理，周密安排，实施强有力的组织调度，严格质量保证，默契配合，协同作战。

以1990年6月30日这个发射期限为最后节点，往前倒排时间，一院人制定出详尽的研制计划流程图，标注出每个阶段的时间节点；同时，在研制程序上，采用了合并研制阶段的办法，将普通运载火箭研制的三个阶段合而为一，成倍地提高了工作效率，也保证了产品质量。同时，采用了立式交叉作业的方式开展工作，实施了五项交叉作业项目，保证各个环节紧密结合，为型号研制赢得了宝贵的时间。

秘诀的第二条就是：确保一次成功。这就要求型号研制中的所有流程都要一次成功，不反复、不返工——这是对一院人“保质保量，按时交付”的一大考验。

为了能够达到“一次成功”的目的，一院人采用了偏保守的冗余设计和备用方案，加大设计安全系数。同时加强质量监督和检查，明确责任制。在地面试验方面加强安全管控和质量管理，并在每个大型试验开始之前进行评审，保证试验顺利通过。由于对产品质量格外重视，在大家齐心协力之下，长征二号E运载火箭基本上实现了设计无反复、产品无返工、管理无漏项的目标，为型号研制赢得了时间，也为首次试验发射的成功增添了充分保障。

秘诀的第三条就是：充分发挥主观能动性。长征二号E运载火箭的研制不许失败，也不能失败，因此一院上上下下都铆足一股劲儿，势必拿下首飞成功！

即将发射的长征二号 E 运载火箭

因此，在长征二号E运载火箭研制过程中，一院人充分表现出了顽强拼搏的精神。据估算，在长征二号E运载火箭研制的18个月里，仅一院加班就超过100万工时，相当于12.5万人工作了1天。三天三夜、五天五夜连轴转是常事，最为艰苦的是一次24小时的两班倒，并持续了39天。

掌握了三个秘诀的中国航天人，在很长一段时间里，兢兢业业，坚韧而耐心。

这段时间里，无论是领导干部，还是普通职工，大家都迎难而上，以为长征二号E运载火箭出力为荣，甚至疏忽了每个人自己家庭中的大事小情。不是他们不懂得爱惜身体，不是不明白照顾家人和亲友，在他们心里，家人亲友的重量无可比拟，但在18个月的鏖战中，每个人心里都明白，这枚运载火箭的成败代表的不是一己得失，它代表着中国航天，代表着走上国际发射市场的中国人。

为了中国航天事业的步步高升，为了国际舞台上的中国席位，坚忍的一院人没有退路，必须拼尽全力，勇获成功！

寒暑相济，岁月如斯。

1990年6月29日，长征二号E运载火箭在西昌发射基地的发射台上完成吊装，比约定之日提早一天矗立在了发射场上。

湛蓝的天空下，一枚崭新的火箭昂然直立，箭指蓝天。

在场的各位国外专家不觉眼前一亮！

一位外国专家找到长征二号E运载火箭的总设计师，主动打招呼并坦诚地致歉说："我要专门向你们道歉。一年前到中国考察时，

总指挥王永志（中）与副总指挥王德臣（左）、
于龙淮（右）等在发射基地

长征二号 E 运载火箭成功发射

长征二号 E 运载火箭试验队欢迎凯旋仪式

我说你们像吸了鸦片烟，说了胡话。这次在西昌，我终于看到了奇迹。”

18 个月铸造火箭，这就是勇于拼搏的一院人！

18 个月创造奇迹，这就是坚忍顽强的中国航天人！

1990 年 7 月 16 日，长征二号 E 运载火箭成功发射，将外国卫星成功送入预定轨道。

胜利的消息传到一院，大家纷纷奔走相告，京郊南苑陷入一片沸腾之中……在迎接试验队凯旋的车站上，闻讯而来的人们扶老携幼，前来欢迎这些中国航天的勇士们……

长征二号 E 运载火箭的研制成功，使我国首次突破助推火箭的捆绑技术，首次研制成功推进剂利用系统和大型发射台等 36 项关键技术，为我国的运载火箭进入国际市场起到了重要的推动作用，也为中国的载人航天工程奠定了坚实的物质基础。

但一院人并不以此为傲——前路漫漫，天宇茫茫，科学研制的探索永无止境。

带着对航天事业的敬畏之心，一院人把目光投向遥远而神秘的天穹。

那里，有中国航天人的下一个目标……

一部航天史，就是一部航天事业勇攀高峰、开拓进取的历史。

“会当凌绝顶，一览众山小。”在型号研制过程中，每攻克一项技术难关，就像登顶一座山峰。科研之路没有尽头，中国航天型号研制的进步，就是在攀登一座座技术的高峰。

长征三号运载火箭是为发射我国通信卫星首次研制的三级地球同步转移轨道液体运载火箭，它的研制历程，正是我国运载火箭技术的一次攀登。1984 年，长征三号运载火箭为我国发射了第一颗试验通信卫星，标志着我国运载火箭技术跨入了世界先进行列。

07 第七单元

第七单元　攀　登

——长征三号运载火箭的故事

31
向未知勇敢迈进

宇宙无际，太空浩渺。

居住着数以亿计人口的地球，在浩渺太空中每日自转、公转，日夜不息。而在距离地球 3.6 万千米的高空，有一条与地球同心、与赤道同面的轨道。卫星沿着这条轨道运转一圈需要 24 小时，与地球自转一整天的时间一致。

这条轨道，被誉为地球静止轨道。1945 年，英国科幻作家克拉克预言了这条轨道的存在。1974 年 5 月，美国航空航天局发射了第一颗地球静止轨道卫星，这颗卫星和随后发射的两颗卫星一起，均匀分布，各自对地球 1/5 的地区进行连续的跟踪与观察。

此时，我国对于相关领域的研究才刚刚起步。

起步虽晚，但意识敏锐的航天人清楚地知道，拥有大型运载火箭、掌握地球静止轨道发射技术、使地球静止轨道卫星定点于赤道上空，是一个国家航天技术达到世界先进水平的重要标志之一。航

长征三号运载火箭发射瞬间

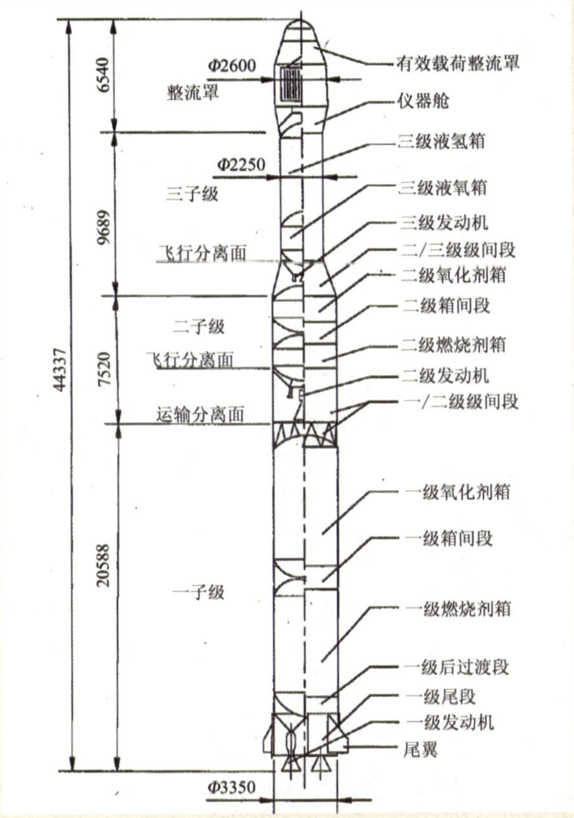

长征三号运载火箭结构示意图

天事关国力，更涉及国计民生，航天人深切地感觉到使命在肩，责任重大。

谋定而后动，纲举而目张。对于一项事业或一项工作而言，科学的规划往往是良好的开端。

1974 年 7 月，第七机械工业部明确卫星通信工程的运载火箭由一院负责研制，第三级用两台 5 吨常规发动机，采用双向摇摆和二次启动的技术。然而，在两个月之后，情况发生了变化，第七机械工业部决定，在成熟的运载火箭型号之上，同时开展两种型号方案的研制工作，即常规三级发动机二次启动方案和氢氧三级发动机一次启动方案。

对于这种变化，研制人员并不意外。科学研制的发展之路，历来充满了探索与创新。是沿用成熟技术以保成功，还是推出新技术谋求创新与发展，这两个科学研制的分支路径，是摆在航天人面前的两个选项。

这两种方案的差别主要在火箭的第三级上——采用常规方案还是液氢液氧方案。这两种设计方案，前者关键技术少，难度小，研制周期短，工作量小，但缺点是火箭运载能力受到限制，不利于长远发展；而后者恰恰相反，难度大但运载能力强，有利于长远发展。

两种方案，两种路径，利弊清晰，各有千秋，但终究两者不可兼得。1976 年 2 月，上级决定研制新型三级氢氧发动机，分两次点火，把 1.3~1.5 吨的卫星送入地球同步转移轨道。这样设计，既满足了当前的需要，也考虑了长远的发展。

对航天人来说，这是极具挑战的战略性决策。氢氧发动机的研制需要掌握低温技术，这对当时的中国航天而言，等于开辟一个全新的未知领域——既无经验又缺少借鉴，其攻关难度可想而知。然而，氢氧发动机一旦研制成功，就会使我国火箭发动机的水平跨越至一个新的水平。

关键时刻，航天人没有回避，而是下定决心，勇敢前行！中国的航天事业前前后后已经填补了太多次的空白，这次也不会例外。

国有所托，必不负所望。科研人员立刻投入紧张的火箭研制工作之中，一边灵活运用长征二号运载火箭的成熟经验，一边借鉴世界先进国家的成功案例，紧锣密鼓地按研制程序开展方案论证、总体设计等工作。

长征三号运载火箭是以长征二号运载火箭为基础，以液氢液氧为推进剂的三级液体运载火箭。设计起飞重量为 203 吨，起飞推力为 280 吨。火箭全长约 44.86 米，一、二级直径 3.35 米。火箭发动机采用四氧化二氮和偏二甲肼作推进剂。三子级直径为 2.25 米，发动机由 4 个推力室并联，可作 ±25° 切向摆动以控制火箭的姿态，可以在高空进行二次启动。火箭同步转移轨道的运载能力可达 1.4 吨。上级决定，长征三号运载火箭的研制主要由一院和上海航天局共同承担。其中，一、二子级及全箭的控制系统仪器绝大部分由上海航天局负责，总体设计和三子级由一院负责。

1978 年 3 月，长征三号运载火箭的总体方案设计完成，各大系统已基本完成初样阶段工作。1980 年 11 月，控制、遥测、外测等单位完成了初样匹配试验，工程转入总体初步设计工作中。

按照设计要求，长征三号运载火箭在不同轨道上的运载能力不同，并随着入轨角度而变化。火箭从发射场起飞到与卫星分离共需1245.34 秒，途经四川、贵州、湖南、广西、广东、福建及台湾南端、太平洋上空，然后在东经 160.33° 赤道上空入轨。长征三号运载火箭的典型轨道可分为四个阶段，即一级发动机工作、二级发动机工作、三级发动机第一次工作及三级发动机第二次工作。其中最值得关注的就是三级发动机的两次工作。

详细来说，当长征三号运载火箭三级发动机第一次工作时，火箭会将卫星送到近地点约 170 千米、远地点约 450 千米的停泊轨道上，此时星箭尚未分离。带有末级火箭的卫星在运行到与赤道平面相交时，将再次点燃第三级火箭发动机，使卫星进入远地点在赤道上空高度约 36000 千米、近地点约 400 千米的过渡轨道。至此，长征三号运载火箭的任务才算大功告成。

而从卫星角度来说，当卫星在过渡轨道运行时，内部的小推力发动机会将卫星调整成点火姿态。当卫星达到赤道上空的远地点时，星上远地点发动机将会点火并再次加速，使卫星进入与赤道平面重合的准静止轨道。之后，星上的小推力发动机将继续调整姿态，使卫星进入静止轨道的预定位置。丝丝相扣，环环衔接，步步严谨，系统而完整的设计彰显出航天人一贯的严谨与细致。

科研人员明白，缜密的计算，严格的程序，一丝不苟的态度，精益求精的精神——这就是航天事业必不可少的从业态度与执业理

长征三号运载火箭在总装车间进行总装测试

长征三号运载火箭矗立在发射塔架上

念，科学研制工作历来唯有务实严谨，来不得半点马虎，容不下丝毫敷衍。

在设计的过程中，科研人员总结分析出长征三号运载火箭的四大特点：一是运载能力大，能把 900 公斤重的试验通信卫星送到同步转移轨道上，其关机速度可达到 10 千米 / 秒左右。二是航程远，火箭的飞行距离共 6800 千米，其中海上飞行距离约占 2/3，这也要求测量设备必须具备适应此种情况的能力。三是时间长，火箭飞行历时 1200 秒，即 20 分钟，其中三级发动机两次点火中间要经历一段 5 分钟左右的滑行段。这些都要求火箭制导系统、稳定系统必须做一些细致的、艰巨的适应性修改工作。四是攻克低温技术，这里的难点主要是液氧，除了液氧的自身特性之外，液氧还具有易燃易爆的特点。该领域的研究尚处于国内空白。四个特点中，攻克低温技术是重中之重，一系列系统的技术攻关工作将围绕这个重点全面铺开。

俗语说，磨刀不误砍柴工。虽然长征三号运载火箭的设计与决策几经变化，但最终的战略性决策无疑推动了中国航天迈向新的高度。

历史证明，这种决策基于现实又高于现实，既大胆又科学，既非空中楼阁，却又需要倾力拼搏。这种决策蕴含着勇敢，这种探索包含了坚毅。而这种勇敢与坚毅，铸就了航天事业蒸蒸日上的重要基石，奠定了长征三号运载火箭成功发射的稳健基础，更是航天人“献身事业，勇于攀登”精神的充分体现。

32
稳健前行求突破

珍惜时光，勇于拼搏，突破技术空白，是航天人的良好习惯。20 世纪 70 年代末，进军地球静止轨道是当时航天人的目标之一。开辟通天道路，疏通天地往来，航天人目光高远，责任重大。

1975 年 3 月 31 日，经中央专委第八次常委会讨论通过，经毛泽东主席圈阅批准，“331”工程正式立项。“331”工程的任务是要用长征三号运载火箭将东方红二号卫星送入轨道，而长征三号运载火箭，正是该工程五大系统之一。

1978 年 7 月 25 日，长征三号运载火箭的研制程序发布，各项研制工作的相互关系、先后顺序以及各分系统间的关系一目了然。长征三号运载火箭研制的重点在第三级，需要突破的关键技术有：液氢液氧发动机、低温技术的应用和纵向耦合振动等。

正所谓学无止境，科学探索也没有终点。在漫长而修远的科研道路上，航天人一直孜孜不倦地进军新领域、探索新技术。说到氢

长征三号运载火箭科研人员工作场景

氧发动机技术，早在1965年，我国的科研人员就开始对它进行探索和预先研究。

氢氧发动机，又称液氢液氧发动机，是20世纪60年代出现的先进技术。这种发动机性能优越，技术先进，燃烧产物安全无毒，真空比推力可达到420~470秒，比常规发动机的比推力要大50%以上。我国的科研人员从1965年开始研究，到1971年时，液氢液氧首次燃烧试验成功。1974年3月，第一台液氧泵半系统试车成功，打开了氢氧发动机新技术领域的大门。1975年1月，预研型氢氧火箭发动机全系统试车成功。截至1975年5月，我国氢氧发动机经过多次试验，表明方案基本可行。同年9月，长征三号运载火箭二次启动试车获得成功，中国在低温高能发动机这个世界前沿技术上取得了突破性进展。

突破技术难关，掌握技术难题。在科研人员的努力下，长征三号运载火箭的科学研制一路向前。从1978年9月12日，氢氧发动机50秒短程试车成功，到1983年3月，新型氢氧发动机先后进行了100多次试车，累计工作时间达到3万多秒，标志着我国终于掌握了氢氧发动机技术。从1977年到1983年，经过7年攻关，长征三号运载火箭三子级全系统试车终于获得成功。

材料工艺的低温技术应用是长征三号运载火箭研制的第二个难关。经过多年探索，一院人根据液氢沸点低、密度小、易燃易爆的特点，确定了以铝铜合金作为贮箱材料，同时在箱外采用绝热结构的工艺制作火箭贮箱。从1976年开始论证，到1981年8月完成贮箱低温综合试验，五年多的时间里，科研人员先后进行了 29 项、共计 249 次的试验，获得了大量的技术数据，并最终突破了材料工艺的低温技术应用，为长征三号运载火箭的结构研制提供了可靠的保障。

制服纵向耦合振动是长征三号运载火箭的第三个技术难关。纵向耦合振动是由于火箭箭体结构较长，结构纵向频率较低，与推进机管路系统固有频率接近，极有可能产生的一种不稳定自激振动。这种振动轻则使仪表精度下降，重则造成局部结构破坏。为了制服纵向耦合振动，科研人员从 1979 年末就开展了一系列理论计算与动态特性试验，找出了火箭一、二级推进剂输送系统的自振频率，并最终解决了这个难题。

科学实践需要“尊重科学，严谨务实”的精神，需要拼搏与钻研，同时也需要谨慎与细致。科研人员秉持严谨的风格，一路披荆斩棘，稳健前行。1980 年 8 月 14 日，鉴于长征三号运载火箭研制工作具有技术难度大、周期短、预研和试制并进等特点，一院对火箭各系统进行一次设计评审，消除设计缺陷，加速设计成熟，控制设计质量。

古人云：天时地利人和，三者缺一不可。天气对于火箭的影响历来是科研人员关注的问题之一。他们注意到，长征三号运载火箭的发射区地处四川盆地，属于多雷区，因此，在设计与研制中十分重视防雷击、防静电、防电子辐射、防射频干扰等技术。同时，在结构上，长征三号运载火箭采用了防爆安全设计，科研人员也为此制订了一系列的安全技术要求，保证在任何天气条件下都能使火箭安全升空。

科学研制的每一步，都必须稳扎稳打，稳步前行。万事俱备后，

研制人员在厂房中检查长征三号零部件的产品质量

航天人并没有把火箭贸然推出，而是考虑到火箭与卫星的磨合，又针对火箭整体试车进行了缜密的试验。

结合卫星通信系统采用了低温推进剂等特点，航天人将发射场合练分为三个阶段进行。自 1982 年 3 月起，从第一阶段的支撑合练到第二阶段的火箭发射场合练，再到第三阶段的卫星、火箭、发射场区地面无线电跟踪测量系统的电磁相容型试验，每个阶段试验侧重不同，也是对火箭方方面面的测试与考验。最终，测试结果表明，此时的火箭仍有三处需要进行修改与完善。于是，科研人员再次果断行动，从设计到研试单位齐心协力最终解决了这些隐秘的问题。

实践是检验设计的最好方法。按照研制程序，火箭在发射前要进行全系统试车，以验证科学设计的成果。1983 年 5 月和 8 月，长征三号运载火箭进行了两次全系统试车，第二次全系统试车取得了圆满成功。

看着一串串符合要求的数据，宛若聆听到一个个跳动的音符，航天人的心里有了“谱”。经过这些波折与艰难，整装待发的长征三号运载火箭没有辜负大家这么长时间的辛苦忙碌，准备着为国人交出一份满意的答卷。

一枚运载火箭，身形笔直，身材硕硕。而在这光鲜亮丽的外表下，是如蛛丝般纵横交错的“脉络”，是相互帮助共同努力的系统配合，是一项项先进技术的综合应用，是一个个技术难关的全面突破，是各个研制环节的航天人集体智慧结晶……

航天人用行动验证了一个广为流传的成语——众志成城！

证书

获奖项目：长征三号运载火箭

获奖单位：航天工业部一院等

奖励等级：特等

奖励日期：一九八五年

证书号：85-KG7-T-015-1

国家科学技术进步奖
评审委员会

1985 年长征三号运载火箭荣获国家科学技术进步特等奖

33 万众一心为发射

在科学研制中，往往一时的粗心大意会给火箭带来巨大的隐患。因此，一院的科研人员们一直以“严、慎、细、实”作为自己的座右铭，一次次实现着技术跨越。

经过多年拼搏，一院人完成了长征三号运载火箭设计、生产、地面试验等各个阶段的研制，眼看火箭就要转入飞行试验阶段了。颇具经验的一院人知道，即将完成首次采用液氢、液氧作火箭推进剂，首次实现火箭的多次启动，首次要将有效载荷送入地球同步转移轨道的长征三号运载火箭，即将成为中国火箭发展史上重要的里程碑。为了这座丰碑，一院人磨炼了 8 年时间。

1983 年 10 月，第一发长征三号运载火箭带着一院人的期待严阵出厂，前往西昌发射基地。陪伴着火箭一同前往的还有试验队员们，其中不少试验队员都来自一院。1984 年 1 月初，火箭在塔架上起竖对接完毕。1 月 29 日晚 8 时，首发长征三号运载火箭载着

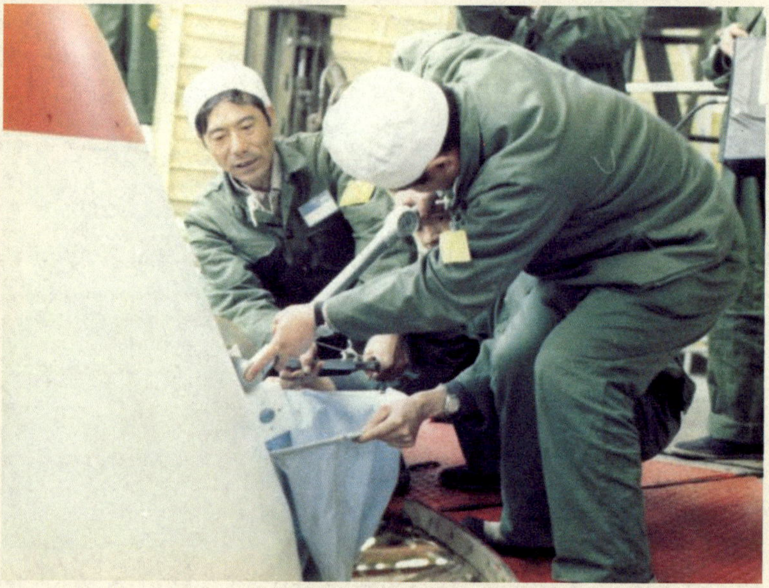

长征三号研制人员在发射中心现场工作照

长征三号运载火箭在发射中心进行对接

我国的试验通信卫星从祖国西南边陲的崇山峻岭中拔地而起，直刺苍穹。

起飞后，火箭按程序指令正常飞行。然而，三级氢氧发动机二次点火后仅工作 4 秒就突然熄火。起飞后 1245 秒，星箭分离，卫星进入一个高 400 千米的椭圆形停泊轨道，并将卫星上的远地点发动机点燃，卫星被推到远地点 6480 千米、近地点 400 千米的椭圆轨道，最终完成了卫星的通信、广播、电视传输试验。

数据传来，一院人的心里并没有感到轻松。在场的每一位试验队员都知道，长征三号运载火箭首发虽然完成了大部分的试验任务，取得了重要成果，但并没有完全达到试验目的，标志着研制人员对火箭三级在高空失重、真空条件下发生的问题，还没有完全掌握与认知。这条神秘的地球静止轨道，并未被我们完全征服。

科学研制的道路，从来就不是笔直、顺利的。但航天人具有曲折而上、长风破浪的精神，具有直挂云帆济沧海的气魄！

长征三号运载火箭首飞受挫，研制人员们来不及灰心悲伤。他们迅速调整思路，鼓舞士气，查清了故障的真实原因，并根据最后敲定的方案抓紧改装，所有人都竭尽全力地工作，只为确保 1984 年 4 月的第二发火箭发射圆满成功。从北京到基地，从总体到分系统，从总师到设计员再到工人，方方面面的火箭研制人员都动了起来，以严谨负责的态度严阵以待。

以 4 月发射为目标，火箭遥测系统“第一时间”上传数据。

每一次发射，火箭整箭会装载 400 多台（件）遥测仪器，对

长征三号研制人员现场检查参试数据

1984 年 4 月“331”工程首次飞行试验一分队合影

应地面8处、400多个机柜的遥测设备，以记录火箭发射的各项数据。长征三号火箭首飞结束的第一时间，发射场第24号遥测站就提供了火箭从点火到飞行500秒的12卷静态数据和9盘磁带。随后，宜宾站、厦门站等站点的数据也接踵而至。这些数据全部需要迅速处理，及时上报，尤其是动力系统温度、压力、振动等36个因素相关数据需要得到最及时的处理与判读。遥测人员“重任在身，使命必达”，加班加点将宝贵的数据进行处理，第一时间送到相关人员手中，为他们准确做出判断打下良好基础。而这种迅速与及时的背后，是遥测人员夜以继日的辛劳与拼搏！

以4月发射为目标，总体部门研制人员不惧苦难，高效快捷处理数据。

这次发射火箭，箭上仪器发回的参数都是电平量，需要按照公式转换、经过计算机处理后，才能得到所需的数据。全箭一、二、三级共计443个参数，仅三级动力、姿控、控制、外测、环境各系统参数就有255个。每个参数都是从点火开始一直记录约1300秒。如此算下来，仅是火箭第三级就会记录331.5万个数据。这么多数据集中到一起，又必须在短期内处理完成，负责此项工作的总体科研人员的压力之大可想而知。经过组织协调，数据分析工作迅速开展，总体参数、控制系统参数、动力系统参数分别由不同的人员负责。在最短的时间里，在处理、判读的基础上，总体部的科研人员发现：在某个时间段内，发控气瓶压力下降迅速，发动机舱内温度异常。在最短的时间内，他们共画出图表曲线60张，结构设计图纸 28 张，技术通知单 31 份，故障分析报告 6 篇。功夫不负有心人，辛勤劳动所得出的结论得到了大家的普遍认可，后续的科研生产有了明确的方向。

以 4 月发射为目标，动力系统迎难而上，实现了技术难点的突破。

这次发射中，三级火箭的氢氧发动机在二次点火工作 4 秒后提前关机，原因何在？故障何在？每个科研人员心里都打了个问号。而如何确保第二次发射成功则是所有人需要面对的难关。身在基地的发动机科研人员们全体出动，根据遥测部门提供的数据，全身心地投入数据的分析与判读中。在 10 多天的时间里，十几个人挤在一个大房间里，时而集体讨论，时而深度思考，时而伏桌计算，时而复算修改，在有限的条件下艰苦地工作着。他们反复对比着地面试车与飞行中三级发动机第一次、第二次启动的数据，找出差异，查找原因，得出故障原因，提出改进措施。紧接着，他们昼夜不停，只用几天时间就完成了动力系统的设计图纸、导管和各种零组件结构图及有关的技术文件的更改。在首飞后的第 9 天，2 月 7 日，发动机的设计图纸电传到北京，一院高度重视，立即组织设计人员下厂交流，协助做好生产准备。与此同时，从发射基地连夜返京的科研人员，下飞机后没做任何休息，直奔生产车间，配合工厂的师傅以最快的速度生产出所需的零组件。集智攻关，成效不凡。随后的几次发动机试车连续呈现良好效果。3 月 20 日，明媚的春日里，北京的科研人员向试验队报告了试车的结果：成功！一院把改装所需要的零组件用专机空运到西昌发射场，为第二发运载火箭改装做好了充足的准备。

以4月发射为目标，控制系统研制人员无私无怨，精益求精。

这次火箭发射数据表明，控制系统无论是从起飞、转弯，还是火箭分离、点火，一切正常，数值都稳定在合理的范围内。如果不作改动，也无可厚非。但设计人员认为，整体利益的最大化，整体效果的最优化才是终极目标。于是，控制系统的科技人员结合实际，采取3项重要修改措施。同时，为了不降低控制系统的可靠性，采用了最麻烦的更换设备硬件的办法，增加一根电缆束，修改2根电缆束，新增2个插头……

沧海横流，方显英雄本色；艰难时分，更知志士报国。

科学研制，探索无尽，不可能一帆风顺。然而，古人云："天时不如地利，地利不如人和。"只要齐心合力，全力以赴，就能攻克难关，踏着磨难而上，实现技术跨越。

34 七十天闪电行动

大家都知道，科学的组织与协调，往往会事半功倍；反之，则会事倍功半。所以，很多时候，很多事情，组织管理作为一门学问，显得尤为重要。

1984 年 1 月，长征三号运载火箭的首飞留下了遗憾。面对即将到来的长征三号运载火箭第二发的发射任务，一院审时度势，充分发挥了科学管理、多方协调的能力，组织各项工作交叉进行，使火箭的改装工作稳步推进。查清故障，分析动因，确定改装方案，组织实施试验……一时间，长征三号运载火箭就是最大的任务，成功发射就是共同的目标。

长征三号运载火箭首飞之后，身在一线“前方”的试验队员们没有离开发射基地返回北京，而是就地驻扎，在现场开会讨论。大家集思广益，修改方案，进行测试，一切工作均在稳而有序地进行。身在“后方”北京的科研人员们更是鼎力支持，紧密配合，使得多

长征三号运载火箭转场工作场景

1984 年 4 月 8 日长征三号运载火箭指挥大厅

个系统、多项改进能够同时有序地铺开。

冬日凛凛，寒风朔朔，1984年初，就在全国上下、大江南北欢天喜地庆祝过年的时刻，一院人，无论“前方”还是“后方”，无论设计人员还是制造人员，无论是试验队长还是测试工人，都没有沉浸在过年的气氛当中。相反，在爆竹声中，每个人都在为同一个目标不停思考，每个人都在为同一个目标劳动不辍。而这个共同的目标就是——长征三号运载火箭的成功发射！

画图、生产、试验、改图、再生产、再试验，这种程序在多个系统、多个领域循环往复地进行着，整个科研工作在紧锣密鼓地开展着，日夜不停。就发动机而言，从3月1日总师系统确定改装方案之后，火箭发动机经过两轮修改与实验已基本定型。3月22日，改装所需的全部零组件运抵西昌发射基地。物资调动效率之高，实属罕见。

改装零件到了，但要把这些都安装到已然成形的火箭发动机上，则需要一番真功夫。众所周知，发动机舱里，各种线缆管道纵横交错，同时又经不起磕碰与撞击。这里空间狭小，高度有限，既不能坐，又不能站，只能长时间地弯腰工作。虽然条件艰苦，但工人们一向不说二话，爽快挎起工具箱，轮流钻进机舱，仔细地分辨着一根根管线，认真地进行现场改装。

9个小时之后，这枚具有世界先进水平的运载火箭的现场改装工作顺利完成。经过现场测试，结果合格。现场人员一直悬在半空的心终于缓缓落地，疲惫的脸上，绽放出纯真的笑容。

在各个系统的一同努力下，1984年4月初，长征三号运载火箭发射的准备工作基本就绪。4 月 8 日，第二发长征三号运载火箭点火起飞。19 时 20 分，当暮色刚刚降临大地的时候，火箭接受指令，伴着声声呼啸，腾空而起……

起初，指挥大厅里一直鸦雀无声。此时，所有的参试人员都屏住呼吸，目不转睛地注视着大厅中央的大屏幕，认真判读着每一个遥测数据，静静倾听着各个观测站发来的观测报告。时间一分一秒过去……终于，测量船传来反馈：三级二次点火正常！

捷报传来，此时的指挥大厅里掌声雷动。大家相互握手、拥抱，热泪盈眶，此时，任何语言和肢体行动都不足以表达航天人心中的喜悦，远在北京的一院人听闻这个好消息，都禁不住喜在眉梢，相互祝贺。长征三号运载火箭这一役，功成名就！

终于成功了！终于成功了！长征三号运载火箭成功将我国的地球同步通信卫星东方红二号送入预定轨道。

终于成功了，在距离首飞 70 天后，长征三号运载火箭迎来了一次全面的成功，一次技术跨越。

终于成功了，一院人团结一心，创造了 70 天在发射现场对一枚大型运载火箭就地改装的奇迹。这样快的速度，这么硬的质量，在世界航天史上未有先例。

这 70 天，被誉为中国航天史上的“闪电行动”，展示了中国航天人不凡的能力与实力。

这 70 天，改写了国外航天界对中国的看法，显示了中国人攀登科技高峰的信心和勇气。

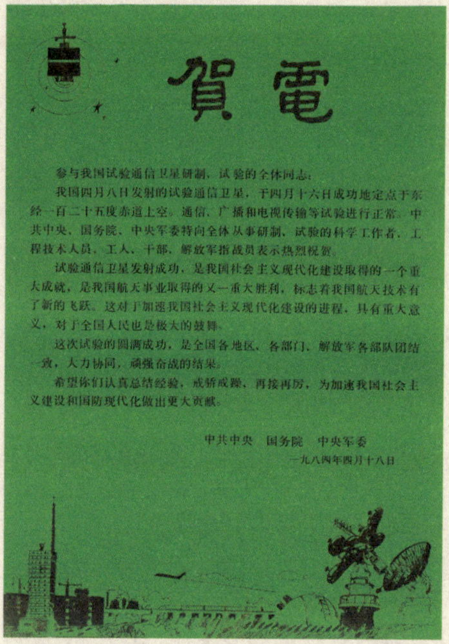

賀電

参与我国试验通信卫星研制、试验的全体同志：

我国四月八日发射的试验通信卫星，于四月十六日成功地定点于东经一百二十五度赤道上空。通信、广播和电视传输等试验进行正常。中共中央、国务院、中央军委特向全体从事研制、试验的科学工作者、工程技术人员、工人、干部、解放军指战员表示热烈祝贺。

试验通信卫星发射成功，是我国社会主义现代化建设取得的一个重大成就，是我国航天事业取得的又一重大胜利，标志着我国航天技术有了新的飞跃。这对于加速我国社会主义现代化建设的进程，具有重大意义，对于全国人民也是极大的鼓舞。

这次试验的圆满成功，是全国各地区、各部门、解放军各部队团结一致，大力协同，顽强奋战的结果。

希望你们认真总结经验，戒骄戒躁，再接再厉，为加速我国社会主义建设和国防现代化做出更大贡献。

中共中央　国务院　中央军委

一九八四年四月十八日

中共中央、国务院、中央军委对长征三号发射成功发来贺电

1984 年 4 月 30 日召开庆祝我国试验通信卫星发射成功大会

长征三号运载火箭的这次成功，标志着我国运载火箭技术和卫星通信技术已经跨入世界先进行列。

随后的几年里，气象卫星、资源卫星等，先后成为运载火箭发射的“客人”。1986 年 2 月 1 日，长征三号运载火箭将一颗实用通信卫星送入地球静止轨道。1988 年 3 月、12 月，1990 年 2 月，长征三号运载火箭连续 3 次发射成功，将我国的同步通信广播卫星送入太空。

造福于民，服务民生，航天人践行了自己的这一使命。地球之外，那条静静的地球静止轨道上，中国人有了属于自己的独特的位置。

而在这个成功背后，则是一院人那一颗颗滚烫的心，是一院人那一张张朴实无华的面孔，是一院人不善言辞但勇于科研攻关的务实做派，是一院人以成功告慰祖国，以成果服务人民的责任担当。每一次的成功里，都饱含着航天人对人民的深情致意，每一次的技术攀登，都是赤子丹心无声的告白……哪怕为此长居异地倍思亲，哪怕再辛苦再烦琐再困难，一院人都有决心、有实力迎难而上，攻克难关。

1990 年，“自力更生，艰苦奋斗，大力协同，无私奉献，严谨务实，勇于攀登”的航天传统精神首次被提出，这正是中华民族精神和光荣传统在航天领域里的具体体现，是时代精神与航天事业的环境、条件相结合的产物，是航天人开拓进取走进新领域的精神基石。开辟通天大道，攀登科学高峰，创造航天辉煌，舍我其谁！

一部航天史，就是一部航天报国、追梦无悔的历史。

时光清浅记忆，岁月厚重情怀，“4 · 24”“11 · 16”……在一个个特殊的日子里细数航天记忆下的航天感动，讲述一代代航天人“择一事终一生”的执着坚守、“偏毫厘不敢安”的一丝不苟、“千万人吾往矣”的勇往直前，万千航天人一起追逐心中所爱，绽放人生光彩。

1957 年 11 月 16 日，中国运载火箭技术研究院的前身——国防部五院一分院成立了，在 65 年的顽强拼搏里，实现了中国航天的跨越式发展，也积淀了深厚博大的航天精神，以此指引更多年轻人投身航天，为航天科技再谱新篇积蓄力量。

08

第八单元

第八单元　无　悔

——心怀山海　眼有星辰

35

航天日的由来

2016 年 3 月 8 日，国务院正式批复将每年的 4 月 24 日设立为“中国航天日”。习近平总书记也作出重要指示，强调设立“中国航天日”，就是要铭记历史、传承精神，激发全民尤其是青少年崇尚科学、探索未知、敢于创新的热情，为实现中华民族伟大复兴的中国梦凝聚强大力量。

为什么将中国航天日定在 4 月 24 日呢？那就要追溯到 1970 年。

1970 年 4 月 24 日 21 时 35 分，长征一号运载火箭搭载着我国首颗人造地球卫星——“东方红一号”在巨大的轰鸣声中离开了发射台。经过 13 分钟的高速飞翔，运载火箭到达预定高度，开始和卫星分离，把卫星送入轨道。21 时 50 分，人们从收音机里收听到了清晰的乐曲，来自太空的红色旋律回荡星际。

听着遥遥而来的乐曲，欢庆之声响彻大地。人们眼含热泪，街头狂欢，庆祝中国航天取得的这项成果。中国成为世界上第五个使用自主研制的运载火箭发射国产卫星的国家。中国航天拉开了探索宇宙奥秘、和平利用太空、造福人类的序幕。

中国航天日，是为了展示中国航天一系列成就而设立的纪念日。

长征一号运载火箭被誉为中华第一箭，作为我国发射第一颗人造地球卫星的运载工具而被光荣地载入史册，它的研制成功，揭开了我国航天发射活动的序幕。从长征一号运载火箭开始，中国运载火箭的研制步入了快车道。长征二号运载火箭、长征二号系列运载火箭家族、长征三号运载火箭、长征三号系列运载火箭家族、长征四号运载火箭、长征五号系列运载火箭家族、长征六号运载火箭、长征七号系列运载火箭家族、长征八号运载火箭、长征十一号运载火箭等一枚枚各司其职的运载火箭先后问世，人造卫星的研制技术也日新月异、蒸蒸日上，代表着中国综合国力的中国航天事业在国际上地位斐然，中国成为屈指可数的航天大国，并向着航天强国的目标迈进……

中国航天日，是为了推广发扬中国航天精神而设立的纪念日。

经过几代人的努力，中国航天人在取得了巨大成就的同时，形成了内涵丰富、系统科学的航天精神。航天精神产生于航天事业的伟大实践，并随着中国航天事业的发展在不断丰富、发展与升华。它代表航天人热爱祖国、为国争光的坚定信念；代表航天人勇于攀登、敢于超越的进取意识；代表航天人科学求实、严肃认真的工作作风；代表航天人同舟共济、团结协作的大局意识；代表航天人淡泊名利、默默奉献的崇高品质。这种精神是中华民族文化宝库中一笔难得的财富。

中国航天日，是真正属于航天人的纪念日。

2004年3月，在全国政协十届二次会议上，时任长征二号F运载火箭总指挥黄春平与时任“神舟”飞船总设计师戚发轫共同撰写、提交了关于设立“中国航天节”的提案。继黄春平和戚发轫之后，时任中国运载火箭技术研究院党委书记梁小虹在2009年全国政协十一届二次会议上，再次提交有关设立航天纪念日的提案，在这份提案中，“航天节”改成了“航天日”。之后每年全国两会，如果没有收到确切回复，梁小虹就会在第二年继续呈交提案。经过大家的不懈努力，2013年8月，提案得到国家有关部委批复和肯定回答——“后续将会同有关方面协商‘中国航天日’设立的具体时间，达成共识后按程序组织开展申报工作”。2014年，国家有关部门正式启动“中国航天日”设立程序。2015年5月，来自航天系统的中国科学院、中国工程院共39位院士联署，代表航天战线的广大干部职工，向有关领导表达了在不久的将来共庆中国航天日的热切期盼。在此基础上，国家国防科技工业局于2015年11月向中共中央办公厅、国务院办公厅提交请示设立“中国航天日”，有利于弘扬航天精神和文化，增强民族凝聚力和自豪感，对于实现中国梦、航天梦具有积极意义和深远影响。随后，国务院法制办公室征求了中央国家机关、企事业单位、高等院校等37个单位的意见。2016年3月8日，国务院正式批复将每年的4月24日设立为“中国航天日”。

2016—2022 年中国航天日官方宣传海报

采得百花成蜜后，为谁辛苦为谁甜？中国航天人不怕苦、不怕难，不求风光无限，唯愿祖国繁荣昌盛！跨越万水千山，踏过千辛万苦，中国航天人会推动着航天事业大步向前，带领大家遨游太空，探索无尽的奥秘……

这就是中国航天日的由来！让我们来一起为这个特殊的日子欢庆，一起为中国航天点赞！

36 航天专家的学生时代

再“大”的科学家，也有“小”时候，钱学森、谢光选……这些在中国航天的历史长河中熠熠生辉的科学之星，他们的学生时代又有怎样的故事？面对错误、面对危难、面对诱惑，他们又会做出怎样的选择？

主动退分钱学森

钱学森，1911 年 12 月 11 日出生。1933 年，22 岁的钱学森在国立交通大学机械系读三年级。一次水利考试，钱学森所有的试题都答对了，水利老师金悫（què）教授在试卷上全都打了对勾，给他打了满分 100 分。但是，当试卷发下来的时候，钱学森却在试卷上发现了一个很不起眼的小错误：在公式推导的最后一步，由于自己一时手误，将“Ns”写成了“N”。尽管没有别的错误，尽管这个错误不为人所知，但钱学森毫不犹豫地举起手来，向老师汇报了自己的这个错误，主动要求老师扣分，并把试卷退给了老师。

从未见过主动退分的学生，金教授一时之间有点诧异。接过试卷一看，果然，还真有个小小的手误。于是，他拿起红笔，扣掉 4 分。这样，钱学森的分数由原先的 100 分变成了 96 分。

正是这个原因，这份考卷就留在了金教授那里，并被完好无损地保存了下来。而今看来，金教授保存的不仅是一份考卷，更是一个伟大的科学家在学生时代就具有的科学品德和科学精神，不爱分数爱真实，实事求是，坦荡从容。我们都应该学习钱学森，保持诚实的优良品德，对就是对，错就是错，在对与错的问题上绝不含糊。钱学森的这种精神始终贯穿在其科学生涯中，即使他成为大科学家后也不改初衷。

青年钱学森

青年谢光选

见义勇为谢光选

见义勇为是我国优秀的传统美德，当别人处于危难之时，敢于不惧风险伸手帮助，这种人是了不起的。航天科学家谢光选就曾经做过这样的事情。

谢光选是我国战略导弹与运载火箭技术专家，曾任东风二号导弹总体主任设计师，1922 年 11 月 5 日出生。1938 年，16 岁的谢光选在重庆读中学。在读书的空暇时间里，他喜欢到嘉陵江去游泳。一次，在一个阴雨天，平时喜欢游泳的谢光选在江边做下水准备的时候，发现远远的嘉陵江面上，颠簸的风浪里，一个身影时隐时现，原来是有人落水了，那人已筋疲力尽无力呼喊，只能无助地随着江水的沉浮挥舞着手臂……见此情景，谢光选没有丝毫犹豫，立即跳入江中，拼命向落水者游去。落水者是位小女孩，见到有人前来施救，重新燃起生的希望，拼尽全力紧紧抓住谢光选，这让谢光选很是犯难，他知道这种被紧紧抓住的结果就是两个人一起溺水。虽处于情急之中，但谢光选没有乱了分寸，他先掰开紧紧握住自己的双手，而后推着她向岸边游去……上岸后经过一阵抢救，女孩渐渐清醒。原来，她刚才在江中游泳，但是风浪一大，水性原本一般的她一下子慌乱了起来，感觉无所适从，险些丧命于此……谢光选把她送回了家，女孩父母对谢光选感激不尽，提出答谢，年轻的谢光选却轻轻摇头，默默离去……

“德不孤，必有邻。”为他人安全挺身而出，为家国安宁赴汤蹈火，从来都是中华儿女看重和敬仰的崇高品质。在他人遇到危险时，见义勇为、挺身而出，以平凡之躯行英雄之事，而在感谢面前不求回报，淡泊名利，少年谢光选勇毅与无私的美好品质也决定了他日后不畏艰难、勇攀科学高峰，不求回报、默默为国铸箭的航天人生的道路选择。

“小牛顿”立志成大才

陈福田，1938年出生于辽宁抚顺，是我国导弹总体设计专家，中国工程院院士，曾任中国运载火箭技术研究院战术导弹系列总设计师。

1956年，18岁的陈福田以优异的成绩被保送至抚顺市第二中学读书。逐渐加重的课业压力使包括陈福田在内的很多同学感到有些力不从心，但他并没有被困难吓住，而是积极寻找办法给自己加油鼓劲儿。当时辽宁省鞍山钢铁厂涌现出以“艰苦奋斗、爱厂如家”的孟泰、“走在时间前面的人”王崇伦和“创新能手”张明山等为代表的一批“钢铁英雄”，他们团结奋进，积极投身社会主义建设的感人故事在辽宁省乃至全国都产生了深远的影响。陈福田也深深地被英模们努力拼搏的精神所感动。他将这些“钢铁英雄”作为自己的学习榜样，像他们一样不怕困难、积极进取、努力学习，立志将来也要为祖国的发展贡献自己的一份力量。经过不懈的努力，陈福田的成绩始终名列前茅，并且逐渐找到了适合自己的学习方法，善于通过文章表面看出背后所蕴含的真正意义。特别是物理科目，他学习起来毫不费力，还时常与老师一起探讨自己思考到的一些问题，与同学们交流各自的学习方法，被同学们亲切地称为“小牛顿”。

寒窗苦读 3 载，陈福田即将完成自己高中阶段的学习，今后的出路在哪里，年轻的陈福田早已有了自己的答案。自儿时起就扎根心中的理想在持之以恒的奋发学习中越发明确而坚定起来，那就是“学以担当，志以报国”。临近毕业之际，全国各大知名高校都来到抚顺二中，在应届毕业生中择优录取。陈福田凭借高人一筹的水准脱颖而出，考取了他的第一志愿——北京航空学院（北京航空航天大学前身），成为当年抚顺二中唯一一名被北京航空学院录取的毕业生。

1959 年 9 月，21 岁的陈福田只身一人来到北京。从家乡来到自己梦寐以求的高校学习，陈福田心潮澎湃，久久不能平静。走在幽静的校园中，看着周围来往的同学们，他在心里暗暗立志——一定要学有所成，将来报效国家。

从抚顺走出的中国工程院院士

我的老同学陈福田

《辽大晚报》上刊登的抚顺二中毕业生仲波撰写的对陈福田的回忆

37 归国铸建航天理想

如果信仰有颜色，那一定是中国红。73 年前的今天，中华人民共和国成立的消息传遍世界各个角落，也吹响了无数漂泊海外的华人心中的归国号角。每一位留学在外的学子心中，都有对故乡的深深怀念。他们曾带着亲人的希望离开故土，为中华崛起努力学习先进知识；他们，又在中华人民共和国成立时返回故乡，为祖国的繁荣富强贡献毕生心血。

漫漫五年归国路

钱学森是中国科学院及中国工程院院士，同时也是世界著名的科学家和空气动力学家。他是中国航天事业的奠基人，“两弹一星”功勋奖章获得者，有着“中国航天之父”“中国导弹之父”和“火箭之王”等多个荣耀称号。然而这些头衔和称号，都源于钱学森“为国铸剑”的赤诚之心。

1934 年钱学森毕业于当时的国立交通大学，同年 6 月顺利考取清华大学第七届庚款留美学生。1935 年 9 月，钱学森进入美国麻省理工学院航空系学习，次年 9 月便获得航空工程硕士学位，之后转入美国加州理工学院航空系学习，成为世界著名科学家冯·卡门最重视的学生。至此，钱学森在学术界一路乘风破浪，取得骄人成绩。他先后获得航空工程硕士学位和航空、数学博士学位，并开始在美国从事空气动力学、固体力学和火箭、导弹等领域研究。钱学森与导师共同完成高速空气动力学问题研究课题并建立了“卡门－钱学森”公式，这使得年仅 28 岁的钱学森成为世界知名的空气动力学家。

1949 年 10 月，时任美国麻省理工学院喷气推进中心主任兼教授的钱学森在听闻中华人民共和国成立的消息之后便开始和妻子收拾行李，一起为返回祖国、报效国家做打算。然而此时的美国麦卡锡主义盛行，钱学森的身份遭到了无端质疑，并被美国军事部门突然吊销了参加机密研究的证书。钱学森以美国蛮横粗暴的举动为由正式提出回国。然而谁都没想到，钱学森此次回国居然花费了 5 年时间。

1950 年 8 月，当钱学森来到港口即将踏上回国之路时，却被美国官员强行带走并关了起来，与此同时美国移民局还抄了他的家。直到加州理工学院送去 1.5 万美元巨额保释金，钱学森才重获自由。然而美国政府并没有就此放过，美国海关没收了钱学森的行李，对其中 800 公斤的书籍和笔记本进行了反复调查。

直到 1954 年，在中国的努力下，钱学森才得以回到祖国，踏上了久违的故土。钱学森回国后，毛主席曾问他回到祖国是否后悔，钱学森则简练地回答：“苟利国家，不求富贵。”短短八个字却铿锵有力，掷地有声，赢得在场的一片掌声。之后，钱学森开始全身心地投入新中国的航天事业中，呕心沥血、勤勉谨慎、构建机构、培养人才，在科学技术上一路引领，以实际行动践行了他回国之初的诺言。有人说，钱学森的归国铸业使中国在导弹、原子弹的研制方面向前推进了至少20年。

为国拓荒筑东风

在一堂报告会里，有一位老教授的话，吸引了线上线下6万名听众，他是这么说的：“我在美国留学时有一个好朋友，我选择了回国，而他留在了美国，他搞的是美国的洲际，我搞的是中国的洲际，他的年薪是30万美元，而我的工资只有他的1/100，他住在西雅图一个别墅里，而我住在普通的单元房里，有人问我，对此有何想法，我的回答是，他干的是瞄准中国的事，而我干的是保卫中国的事。”这位发言的老教授就是梁思礼，中国导弹控制系统研制创始人之一。

梁思礼是梁启超最小的儿子，尽管与父亲的相处时间只有短短5年，但梁思礼从父亲那里继承了影响他一生的宝贵财富——爱国。自小就学习认真的梁思礼，学习成绩在班里总是名列前茅，1937年，抗日战争全面爆发，侵华日军攻进天津后，梁思礼求学的南开中学被炸毁，看着学校在日军的炮击下成为残垣断壁，朝夕相处的同学在炮火中丧命，梁思礼立志要为祖国的强盛而努力读书，并确立了

“工业救国”的理想，要像父亲那样做个对国家有贡献的人。

17 岁时，梁思礼漂洋过海来到美国大学读书，两年后，为完成自己“工业救国”的理想，又转学到有着“工程师摇篮”和“美国航天航空之母”美誉的普渡大学，主修无线电，后来又学习了自动控制。梁思礼用两年时间学了三年的课程，并以优异的成绩获得了学士学位。梁思礼又到辛辛那提大学攻读了硕士和博士学位，他的博士论文成果还被运用到了美国军用飞机上。

1949 年，拿到博士学位后，在美国苦读八年的梁思礼，决定归国报效祖国，并鼓励其他留学生和他一起回国，共同建设祖国。终于登上克利夫兰总统号踏上回国的旅程，梁思礼跑到船尾，接上天线，挂起收音机。浪花拍打着船身，当轮船横渡太平洋时，梁思礼在收音机里听到一个振奋人心的消息——中华人民共和国成立了，当听到国旗是五星红旗时，他就找到一块白床单，用红墨水将其染成红色，制作了一面五星红旗，以此表达对新中国的祝福。

1956 年，梁思礼响应国家的号召，成为中国第一代航天人，32 岁的他终于放飞了自己工业救国的理想。为了建立新中国更为强大的国防力量，他和 100 多个胸怀祖国的年轻人开始了导弹和火箭的研制工作，但除了钱学森院长，几乎没有一个人真正见过导弹和火箭，包括梁思礼自己。原理不清、图纸不全、零件不齐，他们面临各种困难却从未想过要退缩，大家挤在破旧的厂房里，不分昼夜地钻研，终于在 1960 年成功发射第一枚仿制导弹 1059。

之后的岁月里，从原子弹到导弹、到卫星、到飞船，再到“使

回国前梁思礼（左三）和朋友们的合影

在美国留学的任新民

命必达”的东风速递，以梁思礼为代表的第一代航天人一次次交出了完美的答卷。梁思礼从父亲那里继承了爱国的火种，又将它传递到新一代航天人的手中，点亮了一个又一个航天梦、强国梦。美哉我少年中国，与天不老；壮哉我中国少年，与国无疆！

归乡永存报国心

任新民是我国航天技术与液体火箭发动机技术专家，中国科学院院士，中国导弹与航天技术的重要开拓者之一。他自 1955 年开始从事我国导弹与航天型号研制工作以来，在液体发动机和型号总体技术上贡献卓著，是中国航天事业五十年最高荣誉奖获得者。

任新民生于 1915 年 12 月 5 日的安徽宁国，自幼成绩优异且少怀壮志。1934 年，任新民以优异的成绩考取南京中央大学化学工程系。大学期间，任新民的内心沉痛又复杂。他曾因报纸上刊登日本侵略者的滔天罪行而痛苦万分，也曾为国民当局“攘外必先安内”的消极政策感到愤慨。痛定思痛之后，任新民坚定了“科技救国”的信念。

1940 年，大学毕业后的任新民在重庆兵工学校大学部做助教，后被提为讲师，同时他也在重庆兵工署 21 厂任技术员。这一时期，任新民一边教书，一边亲身参与生产实践。1944 年对于任新民来讲可谓“双喜临门”，首先，在工作中表现出色的任新民得到了一个千载难逢的机会，被选送到美国辛辛那提的工厂实习。其次，在这一年，任新民与订婚 3 年的未婚妻虞霜琴结婚了。从此任新民走到哪里都不再是孤身一人。1945 年 5 月 24 日下午，是任新民启程赴美的时间。而在当天清晨，任新民的儿子出生了。儿子出生这天，应是合家团聚、庆祝添丁之喜的日子，任新民也因对妻儿的怜惜与不舍而不忍离别。“同声若鼓瑟，合韵似鸣琴。”妻子虞霜琴当然知道丈夫的不舍，但她更明白丈夫的理想抱负，便毅然决然地劝丈夫放心，督促他踏上出国之路。就这样，任新民带着对妻儿的祝福、信任与眷恋，带着对疮痍满目的祖国的眷恋，开启了赴美实习的旅程。

1948 年 9 月，美国布法罗大学第一次聘任了一位年轻的中国人为讲师，这就是任新民。虽然已学业有成但仍难抵思乡的苦楚，任新民收到妻子的来信，将满 3 岁的儿子不幸因脑膜炎夭折了，任新民眼含泪水对妻子回信道：“我对不起你，一个男子汉不仅不能养活自己的妻子，更保护不住自己的孩子，但是现在我们国家还很穷，我必须要做好读书救国，等我能报效国家后，一定再报答你。”

1949 年，中国人民迎来了胜利的曙光，任新民躺在床上辗转难眠，他报效祖国的日子终于来了。他起身推开窗户仰望星空，深情地注视着东方，他热切地盼望着踏上归国的行程。但他当时并未想到，由于战乱的影响，他的归家之路将是那么漫长。

经过近两个月的颠簸后，任新民终于回到了他朝思暮想的家。报效祖国的心愿和新中国建设招贤若渴的环境一拍即合，很快，任新民就成了当时陈赓领导的原南京军区科学研究室的一名研究员。穿上了军装，任新民成了年轻的共和国的一群特殊士兵中的一员。此时，这里正在进行新中国固体火箭发动机的研究。1952 年，新中国第一个军事学院——哈尔滨工程学院成立，任新民又随这个集体从离家乡不远的南京奔赴北国。

1956 年，当钱学森开始组建我国导弹的专门研究机构——国防部第五研究院时，任新民被钱学森“钦点”为总体研究室主任、设计部主任等。当任新民到第五研究院报到时，第五研究院只有两个人。

经过艰苦的攻关，1960 年 11 月 5 日，中国自己仿制的第一枚近程导弹在中国西部的酒泉基地发射成功。1964 年 6 月中近程导弹的成功发射，标志着我国已具有了自行研制导弹的能力。

白驹过隙，时过境迁。成立了七十多年的新中国，从一个百废待兴的国家发展成今日和平稳定、朝气蓬勃的中国。我们生逢盛世当不负盛世，生逢其时更要奋斗其时，在祖国新的一岁、新的开始之时，更要珍惜当下来之不易的和平年代，为祖国的繁荣稳定和个人的幸福而努力奋斗！

38 一路艰辛任拼搏

大家都知道，每一个人都会经历成长道路上的曲折，坚强的人总会在摔倒后站起来勇敢前行，继续走好自己的人生路。航天事业更是如此。在六十余年的岁月里，航天人经历了挫折，收获了成功，创造了辉煌，成就了伟业，沉淀了为世人称道的航天精神。航天精神包括航天传统精神、“两弹一星”精神、载人航天精神、探月精神、新时代北斗精神五个主要组成部分，每一部分各具特色、各有内涵；每一部分都与中国运载火箭技术研究院息息相关；每一部分都有一院人生动的科研故事；每一部分都饱含了全体航天人的爱国情、报国志和奋斗史。

无论航天精神如何丰富，总的来说，热爱祖国是航天精神的精髓，无私奉献是航天精神的主旨，自力更生是航天精神的动力，艰苦奋斗是航天精神的要义，大力协同是航天精神的支撑，严谨务实是航天精神的原则，勇于登攀是航天精神的追求。而这些精神特质往往不会孤立地存在，而是在一个个事例中交叉展现。一件事情往往能够展现出多种精神特质，体现多重人文风貌。

没有对祖国深切的热爱，哪里会有对航天事业赤诚的奉献！没有自力更生的骨气与坚毅，哪里会有不断攀登的自信与豪迈！尤其在航天事业初建时期，在一无所有的空白处一筹莫展时，没有为国铸箭的必胜信念、没有敢为人先的奋力拼搏、没有淡泊名利的无私奉献，哪里会跨越磨难迎来成功的春光明媚？

航天科技工业是举世公认的技术密集度高、尖端科技聚集的高科技事业，难度大、风险高。航天型号的研制更是复杂的系统工程，对质量和可靠性要求极高。航天所用的、所生产的产品，哪怕是使用的一颗螺丝钉、一根导线、一只元器件，背后都能说出一个个鲜为人知的小故事，都是几代航天人的心血。大机库的故事仅仅是千千万万个航天小故事中的一个，但折射出了航天人面对科技高峰不畏难、不怕苦的精神，折射出了科研人员敢攻关、敢挑战的事业心和进取心，折射出了航天人勇于创新、追求卓越的优秀品质，凝练出了航天人顽强、忍耐、坚毅的品格，孕育出了光彩夺目的航天精神，支撑着中国成为世界航天大国。

而今的中国航天，实力非凡。由中国运载火箭技术研究院抓总研制的长征系列运载火箭就有 15 型基础级火箭投入使用，具备发射低、中、高不同轨道和不同类型载荷的能力，运载能力、发射频度、成功率、入轨精度和适应能力均达到世界一流水平，为中国航天事业未来发展提供了更为广阔的舞台。这令人瞩目的成就背后，

1958 年南苑地区西大院原一分院临时办公地点

机库

有着内涵深邃的航天精神在熠熠闪光。

航天事业凝练了航天精神，航天精神助推了航天事业。展望未来，航天精神将会穿越时光，被赋予更新的时代特色，推动中国从航天大国走向航天强国！

1959 年 11 月苏联专家为一院人员答疑

20 世纪 60 年代一院 5# 大楼

后　记

“天何所沓？十二焉分？日月安属？列星安陈？”中华儿女对未知太空的好奇与探索千百年来从未改变。从一曲《东方红》响彻寰宇，到“两弹一星”瞩目世界，从载人航天挥就惊鸿之笔，到天宫揽胜书写最美华章……航天征途上每一步创新和突破的背后，都离不开一代代航天人的艰苦奋斗、不懈拼搏与自主创新。

不啻微芒，造炬成阳。万千航天人以实干兴邦的决心意志、不负韶华的时代担当、奋发有为的精神状态，践行着航天报国、航天强国的初心使命，也凝练出无数艰苦奋斗、不懈拼搏、自主创新的感人故事。我们整理了东风一号、东风二号、东风三号、长征一号、长征二号、长征三号六型导弹及运载火箭在科研生产过程中发生的小故事，生动讲述老一代航天人以国为重、自立自强的人生追求，矢志拼搏、勇攀高峰的不懈努力，严慎细实、精益求精的科学作风，攻坚克难、百折不挠的坚守执着。弘扬航天精神、传播航天知识，鼓舞更多航天人发扬踔厉、笃行不怠，续写航天强国建设的新篇章；号召广大青少年崇尚科学、探索未知，接力中华民族伟大复兴的新征程。

在本书的编写和出版过程中得到了北京航天长征科技信息研究所刘兴武、谢建玲、杨俊杰、武小琪、殷庆佑等多位专家、同志的帮助与支持，在此一并表示感谢。对所有帮助本书编辑出版的同志致以诚挚的谢意。当然，由于种种原因，书中仍存在一些不当或谬误，诚请广大读者理解，并万望指正。

今天，铭记历史、传承精神、科技强国、航天报国已成为响彻中华大地的铮铮誓言，一大批航天科技工作者已成为中华民族最闪亮的坐标。我国航天事业的发展成就，必将激发亿万中华儿女做中国人的志气、骨气、底气，战胜一个又一个艰难险阻，在实现中华民族伟大复兴的征程上阔步前进。正如习近平总书记在党的二十大闭幕大会中提出的："百年成就无比辉煌，百年大党风华正茂。我们完全有信心有能力在新时代新征程创造令世人刮目相看的新的更大奇迹！"

编写组

2023 年 5 月